DIETER FARNY · DAS VERSICHERUNGSVERBRECHEN

Veröffentlichungen des Seminars für Versicherungslehre
der Universität Köln

Herausgegeben von Professor Dr. sc. pol. P. Braeß

Neue Folge Band 1

Das Versicherungsverbrechen

Erscheinungsformen, Motive, Häufigkeiten und Möglichkeiten
der versicherungstechnischen Bekämpfung

Von

Dipl.-Kfm. Dieter Farny

DUNCKER & HUMBLOT / BERLIN

Alle Rechte vorbehalten
© 1959 Duncker & Humblot, Berlin
Gedruckt 1959 bei Guth & Co., Berlin-Neukölln
Printed in Germany

Inhalt

Einleitung

I. Der Zweck der Arbeit 11
II. Die Begriffsbildungen 12
III. Die Wissenschaften 13

Hauptteil

Erstes Kapitel

Das Versicherungsverbrechen im allgemeinen

I. Berührungspunkte zwischen Verbrechen und Versicherung 15
II. Der Begriff des Versicherungsverbrechens 15
III. Erscheinungsformen des Versicherungsverbrechens 16
IV. Die Person des Versicherungsverbrechers 18
V. Die öffentliche Meinung über das Versicherungsverbrechen 20

Zweites Kapitel

Das Versicherungsverbrechen im Bereich der Feuerversicherung

I. Erscheinungsformen 23
   1. Brandstiftung 23
   2. Brandduldung und Brandvergrößerung 24

Inhalt

- 3. Brandstifterbanden 24
- 4. Tattechniken 25
- 5. Die Indizien für die betrügerische Brandstiftung 26
- 6. Die latente Brandstiftungskriminalität 29

II. Motive 29
- 1. Die Motive zur Tat 30
- 2. Die Anlässe zur Tat 32
- 3. Die Person des Brandstifters 32

III. Häufigkeiten 34
- 1. Absolute Häufigkeiten 34
- 2. Relative Häufigkeiten 37

IV. Versicherungstechnische Bekämpfung 43
- 1. Das Bedingungswerk 43
- 2. Die büromäßige Bearbeitung der Versicherungsverträge 45
- 3. Das Agentenwesen 51
- 4. Sonstige Maßnahmen 53

Drittes Kapitel

Das Versicherungsverbrechen im Bereich der Einbruchdiebstahlversicherung

I. Erscheinungsformen 59
- 1. Fingierte Einbrüche 59
- 2. Umdeuten eines einfachen Diebstahls in einen Einbruchdiebstahl durch den Versicherungsnehmer 62
- 3. Betrügerisches Ausnützen eines eingetretenen Einbruchdiebstahlschadens 63
- 4. Vorgetäuschte Raubüberfälle 64

II. Motive 65

III. Häufigkeiten 65

IV. Versicherungstechnische Bekämpfung 66
- 1. Bedingungswerk 66
- 2. Büromäßige Bearbeitung der Versicherungsverträge 67
- 3. Das Agentenwesen 69

Viertes Kapitel

Das Versicherungsverbrechen im Bereich der Lebensversicherung

I. Erscheinungsformen 70
  1. Der Versicherungsmord 70
  2. Das Vortäuschen des Versicherungsfalles 75
  3. Dissimulation des Selbstmordes 79
  4. Versicherungsmörderbanden 80
  5. Die Indizien für das Versicherungsverbrechen 81
II. Motive 81
III. Häufigkeiten 83
IV. Versicherungstechnische Bekämpfung 84
  1. Bedingungswerk 84
  2. Büromäßige Bearbeitung der Versicherungsverträge 88
  3. Zusammenarbeit zwischen Versicherern und Ärzten 90
  4. Das Agentenwesen 91

Fünftes Kapitel

Das Versicherungsverbrechen im Bereich der privaten Unfallversicherung

I. Erscheinungsformen 92
  1. Vorsätzliches Herbeiführen des Versicherungsfalles 92
  2. Vortäuschen des Unfalles und / oder seiner Folgen 97
  3. Betrugsepidemien 100
  4. Die Indizien für das Versicherungsverbrechen 101
II. Motive 102
III. Häufigkeiten 102
IV. Versicherungstechnische Bekämpfung 103
  1. Bedingungswerk 103
  2. Büromäßige Bearbeitung der Versicherungsverträge 106
  3. Zusammenarbeit zwischen Versicherern und Ärzten 108
  4. Das Agentenwesen 109

Sechstes Kapitel

Das Versicherungsverbrechen in anderen Versicherungszweigen

Schlußwort 113
Literaturverzeichnis 114

Verzeichnis der Abkürzungen

AEB. = Allgemeine Einbruchdiebstahlversicherungs-Bedingungen

AFB. = Allgemeine Feuerversicherungs-Bedingungen

AUB. = Allgemeine Versicherungsbedingungen für die Einzel- Unfall-Versicherung

BGB. = Bürgerliches Gesetzbuch

StGB. = Strafgesetzbuch

VHB. = Allgemeine Bedingungen für die Versicherung des Hausrats gegen Feuer-, Einbruchdiebstahl-, Beraubungs- und Leitungswasserschäden

VVG. = Gesetz über den Versicherungsvertrag

Auri sacra fames!
O fluchwürdiger Hunger nach Gold!
Vergil, Aeneis III, 57

Einleitung

I. Der Zweck der Arbeit

Von jeher haben die Menschen versucht, ihr Leben dadurch sinnvoll und zweckmäßig zu gestalten, daß sie Einrichtungen und Organisationsformen schufen. Die Einrichtung der Versicherung sollte den Menschen gegen die Folgen von Gefahren sichern, die seiner Person und seinen Werken drohen. Zu allen Zeiten gab es Mitglieder der menschlichen Gesellschaft, die die geschaffenen Institutionen in verbrecherischer Weise ausgebeutet und zu ihrem eigenen Vorteil mißbraucht haben.

Der verbrecherische Mißbrauch der Versicherungseinrichtung wird im allgemeinen mit „Versicherungsverbrechen" oder „Versicherungsbetrug" bezeichnet, je nachdem, in welchem Maße die Öffentlichkeit ein derartiges Verhalten mißbilligt. Es gibt nur wenige von menschlichem Erfindungsgeist hervorgebrachte Dinge, die das Versicherungsverbrechen an Gefährlichkeit überbieten. Diese Art der Kriminalität nimmt zeitweilig erschreckende Ausmaße an, so daß es eine vordringliche Pflicht der Versicherungswirtschaft ist, das Versicherungsverbrechen mit allen zur Verfügung stehenden Mitteln zu bekämpfen – im eigenen Interesse, im Interesse aller Versicherten und nicht zuletzt im Interesse derer, die heute oder morgen das Opfer einer Brandstiftung, eines Versicherungsmordes oder eines anderen Versicherungsverbrechens werden können.

Es soll die Aufgabe dieser Arbeit sein, die Möglichkeiten aufzuzeigen, die den Versicherungsgesellschaften für diese Bekämpfung zur Verfügung stehen; dazu ist es erforderlich, die Erscheinungsformen, Motive und Häufigkeiten des Versicherungsverbrechens zu untersuchen. Ich werde mich dabei auf das Versicherungsverbrechen im Bereich der Feuer-, Einbruchdiebstahl-, Lebens- und Unfallversicherung beschränken, da es hier am häufigsten und in der schwerwiegendsten Form vorkommt, nämlich als Brandstiftung, fingierter Einbruch, Versicherungsmord und Selbstverstümmelung.

II. Die Begriffsbildungen

Einleitend soll erläutert werden, wie einige Begriffe innerhalb dieser Arbeit verwendet werden. Das StGB. bezeichnet mit **Verbrechen** eine Handlung, die mit Zuchthaus oder Einschließung von mehr als fünf Jahren bedroht wird (§ 1 I StGB.). Das Gesetz kennt außerdem noch das Vergehen und die Übertretung. Die Wissenschaft hat den Begriff des Verbrechens weiter gefaßt. Von Hippel[1] bezeichnet damit jede rechtswidrige, schuldhafte, vom Staat mit Strafe bedrohte Handlung. So soll auch im folgenden der Begriff des Verbrechens verstanden sein: schuldhaftes, strafbares Unrecht. Die Handlung des Verbrechers kann eine Tätigkeit oder eine Unterlassung sein. Die Schuld des Täters besteht darin, daß er die Handlung vorsätzlich oder fahrlässig begangen hat.

Das Verbrechen wird mit präventiven und repressiven Maßnahmen bekämpft. Präventive Maßnahmen sind vor allem die Gesetzgebung (Furcht vor der angedrohten Strafe) und die Einrichtung der Polizei, aber auch viele wirtschafts-, sozial- und kulturpolitische Maßnahmen sind Träger einer vorbeugenden Verbrechensbekämpfung. Die repressive Verbrechensbekämpfung beginnt mit der Begehung einer Straftat; ihre Mittel sind die Strafverfolgung, der Strafprozeß, der Strafvollzug, sichernde und bessernde Maßnahmen (Sicherheitsverwahrung von Gewohnheitsverbrechern, Strafaussetzung auf Bewährung, Entlassenenfürsorge) und vieles andere mehr.

Bei der Untersuchung der **Motive** für das Versicherungsverbrechen ist es erforderlich, die Begriffe „Motiv" und „Anlaß" scharf zu trennen. Nur wenige Autoren, die sich mit dem Versicherungsverbrechen befaßt haben, weisen darauf hin. So wird beispielsweise eine Beleidigung als Motiv für eine Brandstiftung angegeben, obwohl sie nur Anlaß zur Tat war; als Motiv kommt Rachsucht in Frage.

Nach Exner[2] sind Motive „gewisse in der Seele liegende Kräfte, die durch von außen stammende Eindrücke entfesselt werden". Schultz[3] bezeichnet damit „zu Bewußtseinsinhalt gewordene Vorstellungen mit motorischer Entladungstendenz". In dieser Arbeit ist unter Motiv der Inbegriff der bewußten und unbewußten Triebkräfte zu verstehen, die das Streben eines Menschen auf ein bestimmtes Ziel hin richten.

Der **Anlaß** zu einer Handlung ist der objektiv feststellbare Umstand, der die bewußten und unbewußten Triebkräfte realisiert, die Handlung auslöst. Interessant ist, daß sich der Verbrecher des Motivs nur selten, des Anlasses immer bewußt ist. Nach dem Motiv seiner Tat befragt, gibt

---
[1] von Hippel: Deutsches Strafrecht, 2. Band: Das Verbrechen, S. 89.
[2] Exner: Kriminologie, S. 254.
[3] Schultz: Versicherungsmord, S. 14.

er meist den Anlaß an. „Weil ich beleidigt wurde, habe ich den Brand gelegt", wird er etwa aussagen, und nicht „weil ich rachsüchtig bin".

Schließlich ist in diesem Zusammenhang noch der Begriff „U r s a c h e" zu nennen und zu erläutern. Darunter soll in dieser Arbeit das Zusammenwirken all der Umstände verstanden werden, die allein einen Erfolg nicht hervorzubringen in der Lage sind. Die Ursache für ein Verbrechen ist das gleichzeitige Vorhandensein von Motiv und Anlaß zur Tat.

Die Ausführungen über die H ä u f i g k e i t e n von Versicherungsverbrechen werden jeweils in zwei Teile zerfallen. Sofern Zahlenmaterial vorhanden ist, werden zunächst die absoluten Häufigkeiten angegeben. Danach werden unter dem Begriff „relative Häufigkeiten" die Einflußgrößen erörtert, die das Ausmaß der Kriminalität bestimmen, wie beispielsweise die Wirtschaftslage, der Beruf des Täters und so weiter.

Die v e r s i c h e r u n g s t e c h n i s c h e B e k ä m p f u n g des Verbrechens umfaßt alle Maßnahmen, die von der Versicherungswirtschaft selbst getroffen werden können. Es gehören deshalb weder die Vorkehrungen dazu, die durch den Gesetzgeber im StGB., BGB., VVG. und anderen Gesetzen getroffen worden sind, noch die polizeilichen Bestimmungen über das Brandverhütungs- und Feuerlöschwesen. Zur versicherungstechnischen Bekämpfung gehören in erster Linie die zweckmäßige Gestaltung der Versicherungsbedingungen (Bedingungswerk)[4], die zweckmäßige Bearbeitung der Versicherungsverträge und Maßnahmen im Bereich der Außenorganisation der Versicherungsgesellschaften, insbesondere auf dem Gebiet des Agentenwesens[5].

III. Die Wissenschaften

Um Erkenntnisse über Erscheinungsformen, Motive, Häufigkeiten und die Möglichkeiten einer Bekämpfung des Versicherungsverbrechens gewinnen zu können, ist es erforderlich, eine Reihe von Wissenschaften zu Rate zu ziehen, die sich allesamt mit dem vielschichtigen Erkenntnisobjekt beschäftigen.

An erster Stelle steht die V e r s i c h e r u n g s w i s s e n s c h a f t mit der Lehre von den einzelnen Versicherungsarten, der Vertragsgestaltung und der Organisation des Versicherungsbetriebes.

---

[4] Es ergeben sich hier allerdings Überschneidungen mit der Bekämpfung des Versicherungsverbrechens durch die Vorschriften des VVG., da in vielen Fällen der Inhalt der Allgemeinen Versicherungsbedingungen wörtlich oder sinngemäß aus dem VVG. übernommen wurde.
[5] Der Ausdruck „Agent" wird trotz der Änderung der §§ 84 ff. des Handelsgesetzbuches beibehalten, da sich der Ausdruck „Handelsvertreter" im Bereich der Versicherungswirtschaft noch nicht durchgesetzt hat.

Von großer Bedeutung ist die Kriminologie, die Lehre vom Verbrecher, vom Verbrechen und dessen Erscheinungsformen. Sie gliedert sich in drei Hauptgebiete, deren erstes die Kriminalbiologie oder -anthropologie ist. Diese untersucht die körperlichen Eigenschaften (Kriminalsomatologie) und den geistigen Zustand (Kriminalpsychologie) des Rechtsbrechers. Die Psychologie ist unentbehrlich für die Erforschung der seelischen Grundlagen der Kriminalität, der Motive.

Das zweite Hauptgebiet der Kriminologie ist die Kriminalsoziologie, die das Verbrechen als soziale Erscheinung würdigt und untersucht, welche gesellschaftlichen und wirtschaftlichen Einflüsse den Verbrecher zu seiner Tat geführt haben. Sie stützt sich auf die 1881 in Deutschland eingeführte Kriminalstatistik und führt zur Kriminalpolitik, den Maßnahmen zur Verhütung und Bekämpfung der Kriminalität.

Der dritte Zweig der Kriminologie ist schließlich die Kriminalistik. Sie ist die besondere Erscheinungslehre des Verbrechens und soll vor allem die Aufdeckung begangener Straftaten ermöglichen. Dazu stehen ihr die Kriminaltechnik und die Kriminaltaktik zur Verfügung. Die Kriminaltechnik ist die Lehre von den technischen Hilfsmitteln der Kriminalpolizei, wie zum Beispiel Spurensicherung, Daktyloskopie und Erkennungsdienst. Die Kriminaltaktik umfaßt die Grundsätze für planvolles Vorgehen bei der Aufdeckung von Straftaten, wobei die Erkenntnisse der Kriminaltechnik angewandt werden. Hauptgebiete der Kriminaltaktik sind die gesamte Untersuchungskunde und die Vernehmungstaktik.

Von den Wissenschaften, mit deren Hilfe das Versicherungsverbrechen erkannt wird, ist ferner die Strafrechtswissenschaft zu erwähnen. Sie besitzt das gleiche Erkenntnisobjekt wie die Kriminologie, ist jedoch nicht wie diese eine Tatsachenwissenschaft, sondern betrachtet das Verbrechen von der normativen Seite her. Die Strafrechtswissenschaft lehrt, wie der Gesetzgeber das Verbrechen bestraft.

Die Statistik wird herangezogen, wenn das Ausmaß des Versicherungsverbrechens zahlenmäßig dargestellt werden soll.

Im Bereich der Personenversicherung (Lebens-, Unfall-, Krankenversicherung) ist schließlich die Wissenschaft der Medizin unentbehrliche Helferin für die Erforschung des Versicherungsverbrechens. Mit ihrer Hilfe können die Erscheinungsformen erkannt werden; außerdem bietet sie eine Reihe von Möglichkeiten, das Verbrechen zu bekämpfen.

Hauptteil

Erstes Kapitel

Das Versicherungsverbrechen im allgemeinen

I. Berührungspunkte zwischen Verbrechen und Versicherung

Die Versicherungswirtschaft kommt nicht nur durch den Versicherungsbetrug, sondern auch bei zahlreichen anderen Gelegenheiten mit dem Verbrechen in Berührung. Eine Versicherungsgesellschaft kann ebenso wie jede andere Unternehmung das Opfer einer strafbaren Handlung werden, ohne daß dabei ein Versicherungsverbrechen vorliegt. Ein Vertreter kann zum Nachteil der Gesellschaft einkassierte Prämien unterschlagen, ein Einbrecher kann aus dem Bürogebäude der Gesellschaft eine Schreibmaschine entwenden. Solche Fälle interessieren hier nicht.

Einen weiteren Berührungspunkt zwischen Verbrechen und Versicherung schaffen diejenigen Versicherungsverträge, die dem Versicherten Schutz gegen die wirtschaftlichen Folgen eines an seinen Rechtsgütern verübten Verbrechens bieten. So ist die Einbruchdiebstahlversicherung eine direkte Verbrechensversicherung, aber auch in vielen anderen Versicherungszweigen kann der Versicherungsfall durch ein von einem Dritten begangenes Verbrechen herbeigeführt werden. Der Dieb, der bei einem Einbruch eine Schaufensterscheibe einschlägt, löst den Versicherungsfall zu einer bestehenden Glasversicherung aus; der Räuber, der den Überfallenen verletzt, bewirkt, daß der Verletzte aufgrund einer bestehenden Unfall- oder Krankenversicherung Ansprüche gegen seinen Versicherer stellt. Bereits vor 50 Jahren wurde erörtert, ob nicht eine besondere Versicherung gegen die wirtschaftliche Schädigung durch Verbrechen aller Art eingeführt werden sollte[1]. – Tatbestände dieser Art sind jedoch ebenfalls keine Versicherungsverbrechen.

II. Der Begriff des Versicherungsverbrechens

Das eigentliche Versicherungsverbrechen wird dadurch gekennzeichnet, daß eine Leistung des Versicherers durch eine Täuschungshandlung des Versicherungsnehmers oder eines Dritten zustande kommt. Das Versiche-

---

[1] Herz: Die Versicherung gegen wirtschaftliche Schädigung durch Verbrechen, a.a.O., S. 435 ff.

rungsverbrechen ist die betrügerische Ausnützung, der Mißbrauch der Versicherungseinrichtung. Deshalb soll darunter in dieser Arbeit jede strafbare Handlung verstanden werden, die zum Ziele hat, zu Lasten eines Versicherers dem Handelnden oder einem Dritten mit Hilfe eines Versicherungsvertrages einen rechtswidrigen Vorteil in Form einer Versicherungsleistung zu verschaffen. Die Versicherungsleistung ist dabei der aufgrund eines Versicherungsfalles gezahlte oder im Fall der Naturalleistung der dieser entsprechende Geldbetrag.

Das Versicherungsverbrechen wird im allgemeinen Sprachgebrauch auch mit Versicherungsbetrug bezeichnet. Diese Terminologie trifft zu, denn begrifflich umfaßt der Versicherungsbetrug jedes betrügerische Verhalten einem Versicherer gegenüber. Wenn trotzdem bei der Verwendung des Begriffes „Versicherungsbetrug" Mißverständnisse entstehen, so liegt das daran, daß der Gesetzgeber darunter nur den Tatbestand des § 265 StGB. versteht: „Wer in betrügerischer Absicht eine gegen Feuersgefahr versicherte Sache in Brand setzt, oder ein Schiff, welches als solches oder in seiner Ladung oder in seinem Frachtlohn versichert ist, sinken oder stranden macht, wird mit Zuchthaus bis zu zehn Jahren und zugleich mit Geldstrafe bestraft." Diese Begriffsbildung, die dem heutigen Begriffsinhalt nicht mehr entspricht, ist entstanden, weil Feuer- und Transportversicherung die Hauptversicherungszweige waren, als das StGB. im Jahre 1871 in Kraft trat. Alle nicht in § 265 StGB. erwähnten betrügerischen Handlungen einem Versicherer gegenüber – und das ist die Mehrzahl – fallen unter den Straftatbestand des § 263 StGB.; diese Vorschrift regelt die strafrechtlichen Folgen des Betruges im allgemeinen. Ich schließe mich im Verlauf der Arbeit nicht dem strafrechtlichen Begriff des Versicherungsbetruges an, sondern gebrauche die Begriffe Versicherungsverbrechen und Versicherungsbetrug synonym.

III. Erscheinungsformen des Versicherungsverbrechens

Es sollen nun die Erscheinungsformen des Versicherungsverbrechens dargestellt werden, ohne auf die Besonderheiten in den einzelnen Versicherungszweigen einzugehen.

Die erste Form des Versicherungsbetruges ist das **vorsätzliche Herbeiführen des Versicherungsfalles** in betrügerischer Absicht, beispielsweise durch Brandstiftung in der Feuerversicherung oder durch Selbstverstümmelung in der Unfallversicherung. Diese Form des Versicherungsverbrechens ist nicht in allen Versicherungszweigen durchführbar, da einmal der Versicherungsnehmer nicht immer in der Lage ist, den Versicherungsfall vorsätzlich herbeizuführen (Hagel-, Regen-, Sturmschadenversicherung, Versicherung gegen Schäden durch Krieg und Aufruhr), zum anderen bei verschiedenen Versicherungsarten der vertragsmäßige Versicherungsfall durch ein Ereignis ausgelöst wird, das mit Wissen und Willen des Versicherungsnehmers eintritt (Studiengeld-, Aussteuerversicherung). – Abgesehen von diesen Fällen, ist der Versicherer zu einer Leistung grundsätzlich nicht verpflichtet, wenn der Versicherungsnehmer den Versicherungsfall vorsätzlich herbeigeführt hat; das bestimmen die §§ 61 VVG. (für die gesamte Schadensversicherung), 125 VVG. (für die Tierversicherung), 130 VVG. (für die Transportversicherung), 152 VVG. (für die Haftpflichtversicherung), 169 VVG. (für die Lebensversicherung) und 181 VVG. (für die Unfallversicherung) sowie die jeweils infrage kommenden Allgemeinen Versicherungsbedingungen.

Eine zweite Erscheinungsform des Versicherungsverbrechens ist das betrügerische V o r t ä u s c h e n d e s V e r s i c h e r u n g s f a l l e s. Dabei können zwei Versionen unterschieden werden, deren erste vorliegt, wenn der Versicherungsnehmer das Schadenereignis frei erfindet. Er behauptet beispielsweise, auf der Treppe gefallen zu sein und sich dabei verletzt zu haben, und stellt aufgrund dieses angeblichen Tatbestandes Ansprüche an seinen Unfallversicherer. Der Versicherungsnehmer kann aber auch – das ist die andere Version – ein Ereignis, das wirklich stattgefunden hat, das aber nicht zu Ansprüchen aus dem Versicherungsvertrag berechtigt, so darstellen, daß beim Versicherer der Eindruck entsteht, der Versicherungsfall sei eingetreten. Wenn zum Beispiel ein Dieb durch eine offenstehende Tür ein Haus betritt und ein Kleidungsstück entwendet, so besteht für diesen Schaden kein Versicherungsschutz, da es sich um einen einfachen Diebstahl und nicht um einen Einbruchdiebstahl handelt (§ 1 der Allgemeinen Einbruchdiebstahlversicherungs-Bedingungen). Der betrügerische Versicherungsnehmer gibt in einem solchen Fall an, der Dieb habe die verschlossene Tür mit Hilfe von Nachschlüsseln geöffnet und sei auf diese Weise in das Haus gelangt, ein Tatbestand, der die Voraussetzungen für einen Einbruchdiebstahl erfüllt. Er täuscht also einen nicht ersatzpflichtigen Schaden als ersatzpflichtig vor. Ein derartiges Verfahren setzt bei dem Versicherungsnehmer oder seinen „Beratern" eine gewisse Kenntnis der Versicherungsbedingungen und der dazu ergangenen Rechtssprechung voraus. Leider sind es nicht selten Versicherungsvertreter oder andere im Versicherungswesen tätige Personen, die ihre Fachkenntnisse dazu benützen, Versicherte zu derartigen Betrügereien zu veranlassen oder sie dabei zu unterstützen.

Das Vortäuschen des Versicherungsfalles durch den Versicherungsnehmer bewirkt ebenfalls die Leistungsfreiheit des Versicherers. Die Versicherungsbedingungen für die einzelnen Versicherungszweige enthalten jeweils die Bestimmung, daß es zu den Obliegenheiten des Versicherungsnehmers gehört, wahre Auskünfte über die näheren Umstände des Schadenereignisses zu geben. Verstößt er vorsätzlich gegen diese Obliegenheit, ist der Versicherer von der Verpflichtung zur Leistung frei[2].

---
[2] Die einzelnen Obliegenheiten und ihre Bedeutung für die versicherungstechnische Bekämpfung werden unten erläutert werden. Vergleiche S. 43, 66, 104.

Die dritte Form des Versicherungsbetruges ist das betrügerische A u s - n ü t z e n   e i n e s   e i n g e t r e t e n e n   V e r s i c h e r u n g s f a l l e s , indem über den Umfang des Schadens falsche Angaben gemacht werden. Diese Form des Betruges ist nicht im Bereich der Summenversicherung (Lebensversicherung, Todesfallversicherung innerhalb der Unfallversicherung, Regenversicherung) möglich, da hier die Höhe der Versicherungsleistung bereits bei Abschluß des Versicherungsvertrages fest bestimmt wird. In der Schadensversicherung bemißt sich dagegen die Leistung des Versicherers, die Entschädigung, unter anderem nach dem Ausmaß des durch den Versicherungsfall bei dem Versicherten tatsächlich eingetretenen Schadens. Der Betrüger täuscht einen besonders hohen Schaden vor, um eine möglichst hohe Entschädigung zu erhalten. Er gibt beispielsweise nach einem Einbruchdiebstahl falsche Auskünfte über Menge und Wert der entwendeten Gegenstände.

Ein solches Verhalten des Versicherungsnehmers führt ebenfalls zur Leistungsfreiheit des Versicherers, da es einen vorsätzlichen Verstoß gegen die vertraglichen Obliegenheiten im Schadenfall darstellt[3].

Schließlich liegt ein betrügerisches Verhalten des Versicherungsnehmers gegenüber einem Versicherer vor, wenn er durch Täuschungshandlungen erwirkt, daß ihm aus der Gestaltung des Versicherungsvertrages ein Vorteil irgendeiner Art erwächst. In einem solchen Falle beeinflußt der Betrüger bei Vertragsabschluß durch wissentlich falsche oder unvollständige Angaben – also durch Verletzung seiner vorvertraglichen Anzeigepflicht – den Versicherer in seinem Entschluß, ob und zu welchen Prämien und Bedingungen er den Versicherungsantrag annehmen soll. Sein Vorteil besteht darin, daß er für ein Risiko Versicherungsschutz erhält, das der Versicherer bei Kenntnis des wahren Sachverhalts entweder überhaupt nicht oder nur gegen eine erhöhte Prämie und erschwerende Bedingungen übernommen hätte. Auch während der Vertragsdauer kann es zu einer betrügerischen Vertragsgestaltung kommen, wenn der Versicherungsnehmer Gefahrerhöhungen oder andere Risikoänderungen nicht anzeigt. Ich werde derartige Fälle von betrügerischem Verhalten nicht in den Kreis meiner Untersuchungen einbeziehen, da sie keine Versicherungsverbrechen im Sinne dieser Arbeit sind; ex definitione muß der Vorteil, den der Versicherungsverbrecher erreicht, in einem vom Versicherer gezahlten Geldbetrag bestehen.

IV. Die Person des Versicherungsverbrechers

Obwohl die Ausführungsmodalitäten des Versicherungsverbrechens außerordentlich zahlreich sind, weist die Person des Versicherungsverbrechers in fast allen Fällen gleiche Eigenschaften und Eigenarten auf.

---
[3] Die einzelnen Obliegenheiten und ihre Bedeutung für die versicherungstechnische Bekämpfung werden unten erläutert werden. Vergleiche S. 43, 66, 104.

Eine Untersuchung, zu welchem Verbrechertypus der Versicherungsverbrecher gehört, würde im Rahmen dieser Arbeit zu weit führen. Die Fragen, ob er vorwiegend Berufs-, Gewohnheits- oder Gelegenheitsverbrecher ist, ob er in frühen Jahren oder erst in einem späten Zeitpunkt seines Lebens kriminell wird, in welchem Maße seine Persönlichkeit von Erbanlage oder Umwelt beeinflußt wird, berühren in erster Linie Probleme der Kriminalsoziologie. Sie sind für die Kriminalpolitik, das heißt für die allgemeine Verbrechensbekämpfung, von Bedeutung, berühren die Möglichkeiten der versicherungstechnischen Bekämpfung jedoch nur wenig.

Bei dieser speziellen Aufgabe gilt es nur einige wenige Eigenarten und Eigenschaften zu beachten, die der Versicherungsverbrecher in der Regel aufweist. Zunächst kann festgestellt werden, daß bei ihm im allgemeinen die gleichen Merkmale und Eigenschaften anzutreffen sind wie bei dem Verbrechertypus des Betrügers. Beide verfolgen mit ihrer verbrecherischen Tat dasselbe Ziel: einen Dritten in dessen Vermögen zu schädigen. Der Versicherungsverbrecher ist wie der Betrüger intelligent; diese Eigenschaft benötigt er, um den Versicherungsvertrag, mit dem eine Fülle gesetzlicher und vertraglicher Bestimmungen verbunden ist, vertragswidrig zu seinen Gunsten ausnützen zu können. Seine geistige Regsamkeit kommt sehr oft auch in den Tattechniken zum Ausdruck. Welches Ausmaß diese geistige Regsamkeit erreichen kann, zeigt der Fall Richardz. Wie N e l k e n [4] berichtet, wurde bei den Mitgliedern der Familie Richardz, die ausschließlich von Versicherungsbetrügereien lebte, eine reichhaltige Bibliothek über Unfallmedizin, Haftpflichtrecht und andere einschlägige Wissensgebiete gefunden; die Erkenntnisse, die die Angehörigen dieser Verbrecherbande aus dem Studium solcher Bücher gewannen, ermöglichten ihnen ein unbeschwertes Leben. Es konnten ihnen 35 Versicherungsbetrugsfälle aufgrund von Haftpflicht-, Unfall-, Feuer- und Einbruchdiebstahlversicherungen nachgewiesen werden, die den Betrügern während zweier Jahrzehnte erhebliche Geldbeträge eingebracht hatten.

Eine zweite Eigenschaft des Versicherungsverbrechers ist es, daß er seinen Angriff stets auf das Vermögen einer juristischen Person, nämlich auf das der betrogenen Versicherungsgesellschaft, zu richten glaubt. Inwieweit dieser Umstand einen Anreiz zum Verbrechen darstellt, wird später untersucht werden. Der Versicherungsbetrüger ist sich nicht bewußt, daß – wirtschaftlich gesehen – die tatsächlich Geschädigten die bei der betroffenen Gesellschaft Versicherten sind. In den Schadenaufwendungen, die als Grundlage für die Prämienkalkulation des Versicherers dienen, sind die durch Betrug erwirkten Versicherungsleistungen enthalten, so daß letzten Endes nicht dieser, sondern viele einzelne Versicherungsnehmer um kleine Beträge betrogen werden, indem sie eine erhöhte Prämie entrichten.

---

[4] N e l k e n : Der Fall Richardz, a.a.O., S. 31 ff.

Dieser Umstand macht den Versicherungsbetrug zu einem besonders verwerflichen Verbrechen.

Eine weitere Eigenart des Versicherungsverbrechers besteht in einem geschäftsmäßigen Abwägen des mit der Tat verbundenen Aufwandes mit dem zu erwartenden Erfolg. Eine solche „Kalkulation" ist bei den meisten anderen Verbrechensarten nicht möglich. Der Einsatz eines Brandstifters besteht zum Beispiel in dem Opfer an Versicherungsprämien und dem Verlust eines großen Teils seines Eigentums, der Erfolg seiner Tat in der Leistung des Versicherers. Oft werden bei dem Brandstifter genaue Rechnungen darüber gefunden, welchen Betrag der Versicherer aufgrund des Brandschadens voraussichtlich zahlen wird, und Aufstellungen, wie diese Summe verwendet werden soll.

Eine letzte Eigenart des Versicherungsverbrechers liegt darin, daß er durch seine Handlung häufig gleichzeitig mehrere Straftaten begeht; mit dem Versicherungsverbrechen können Mord, Brandstiftung, Transportgefährdung, Unterschlagung, Urkundenfälschung, Totschlag, Sachbeschädigung und eine Reihe anderer Delikte verbunden sein.

V. Die öffentliche Meinung über das Versicherungsverbrechen

Es sei an dieser Stelle noch ein Wort darüber gesagt, wie die öffentliche Meinung in unserer Zeit das Versicherungsverbrechen beurteilt. Ein Großteil der Bevölkerung betrachtet den Versicherungsbetrug als eine Art Kavaliersdelikt, sofern es sich nicht gerade um Versicherungsmord oder Brandstiftung handelt. Der Versicherungsbetrüger wird ebenso positiv beurteilt wie der Urlaubsreisende, der eine große Anzahl Zigaretten über die Grenze schmuggelt, oder wie derjenige, der den Staat durch unrechtmäßige Manipulationen um Steuerbeträge betrügt. Es liegt hier eine „Grenzmoral" vor, denn die Anforderungen, die an das moralische Verhalten des einzelnen gestellt werden, sind geringer als gewöhnlich, wenn es sich um ein Verhalten dem Fiskus oder einer Versicherungsgesellschaft gegenüber handelt. Die wohlwollende Beurteilung des Versicherungsverbrechens hat dazu geführt, daß in weiten Kreisen, und zwar auch in Kreisen, in denen man eine solche Denkweise nicht erwarten sollte, Versicherungsbetrügereien kleineren Ausmaßes quasi als Sport betrieben werden, wobei die Betrüger – diese Bezeichnung würden sie mit Entrüstung zurückweisen – geradezu ein Vergnügen empfinden, wenn sie eine Versicherungsgesellschaft um einen kleinen Betrag geprellt haben.

Welche Ursachen haben zu dieser öffentlichen Meinung geführt? Campbell, der als erster Autor das Versicherungsverbrechen ausführlich untersucht hat[5], ist der Ansicht, daß das Versicherungswesen als solches bereits zum Mißbrauch reize[6], da es ein Element der Unbestimmt-

---

[5] Campbell: Insurance and Crime, 1902.
[6] Campbell: Insurance and Crime, S. 4: „The danger of abuse arises from the very nature of the thing (gemeint ist die Versicherung) itself".

heit in sich habe, wie es in keinem anderen Wirtschaftszweig zu finden sei. Diese Unbestimmtheit liegt nach seiner Meinung in dem Aufschub der Leistung des Versicherers, die von einem unbestimmten Ereignis abhängt. Als weitere Gründe für die positive Einstellung dem Versicherungsbetrug gegenüber erwähnt er noch die „pecular demoralisation"[7] und die Tatsache, „that insurance is little understood"[8]. Zu der Unkenntnis über das Versicherungswesen schreibt Grassberger[9]: „Der Umstand, daß der Betrüger oft schon seit Jahren Mitglied der betrogenen Gesellschaft war, erweckt in ihm die Vorstellung, der Schadenersatz, den er bekomme, sei nichts anderes als eine Rückzahlung der von ihm bereits geleisteten Prämien und die Versicherungsgesellschaft müsse froh sein, daß er nicht schon früher einmal abgebrannt sei. Überhaupt wird mehr oder weniger deutlich die Ansicht vertreten, die Zahlung von Prämien begründe einen Anspruch auf das Abbrennen".

Manes[10] sieht ebenfalls in der Unsicherheit, die der Versicherung eigentümlich ist, einen Anreiz zum Betrug.

Der Betrüger ist meist der irrigen Ansicht, daß das Opfer seiner Handlung eine juristische Person mit großem Vermögen sei. Oft ist mit dieser Vorstellung noch der Gedanke an „Versicherungspaläste" verbunden. Der Verbrecher glaubt, daß sein Betrug den Reichtum der Versicherungsgesellschaft nicht schmälere, und sieht darin eine Rechtfertigung seines Tuns. Ähnliche Überlegungen werden auch angestellt, wenn Staat, Länder und Gemeinden um Steuern und Zölle betrogen werden.

Eine weitere Ursache für die wohlwollende Beurteilung des Versicherungsbetruges erblicke ich darin, daß nur ein kleiner Teil der Betrugsfälle an die Öffentlichkeit kommt. Die Dunkelziffer, die Zahl der nicht aufgeklärten Versicherungsverbrechen, ist sehr groß, da es in der Regel schwierig ist, den Versicherungsbetrüger seiner Tat zu überführen. Oft verzichtet der Versicherer aus Prestige- oder anderen Gründen darauf, einen des Betruges verdächtigen Versicherungsnehmer bei der Staatsanwaltschaft anzuzeigen und damit die Strafverfolgung in Gang zu setzen; er verweigert die Leistung und überläßt es dem Versicherten, seinen vermeintlichen Anspruch in einem Zivilprozeß geltend zu machen. Häufig versucht der Versicherer, mit dem Versicherten einen Vergleich abzuschließen, wonach diesem ein Teil der vertragsmäßigen Leistung vergütet wird, insbesondere dann, wenn nur geringe Verdachtsmomente vorliegen und der Versicherer einem Zivilprozeß wegen Beweisschwierigkeiten wenig Aussicht auf Erfolg beimißt. Dabei berücksichtigt er die oft anzutreffende

---
[7] Campbell: Insurance and Crime, S. 10.
[8] Campbell: Insurance and Crime, S. 12.
[9] Grassberger: Die Brandlegungskriminalität ..., S. 60.
[10] Manes: Versicherungswesen, I. Band, S. 349.

unfreundliche Einstellung der Gerichte gegenüber Versicherungsunternehmen[11]. Die geschilderten Gepflogenheiten der Gesellschaften verhindern, daß die Öffentlichkeit über das erschreckende Ausmaß des Versicherungsverbrechens unterrichtet wird, und tragen dadurch zu dessen positiver Beurteilung bei.

Schließlich möchte ich noch darauf hinweisen, daß die Versicherungswirtschaft selbst durch ihre Organisation und ihr Verhalten häufig die bestehende öffentliche Meinung über das Versicherungsverbrechen begünstigt. Die moralische Qualität der Versicherungsagenten war zu keiner Zeit über alle Zweifel erhaben, und viele Möglichkeiten der versicherungstechnischen Bekämpfung liegen – wie unten dargestellt werden wird – auf dem Gebiet des Agentenwesens. Häufig fördern die Gesellschaften durch unkluge Geschäftspolitik oder mangelhafte versicherungstechnische Bearbeitung der Versicherungsverträge den Gedanken an Betrug.

Nach diesen allgemeinen Vorbemerkungen sollen nun Erscheinungsformen, Motive und Häufigkeiten des Versicherungsverbrechens in den einzelnen Versicherungszweigen untersucht werden, um daraus Möglichkeiten einer versicherungstechnischen Bekämpfung zu erkennen.

---

[11] Vergleiche „Gerichtsreportage zum Thema Versicherungsbetrug", VW., 1955, S. 131.

Zweites Kapitel

Das Versicherungsverbrechen im Bereich der Feuerversicherung

I. Erscheinungsformen

1. Brandstiftung

Das Versicherungsverbrechen im Bereich der Feuerversicherung kommt in erster Linie als Brandstiftung vor. Der Begriff der Brandstiftung, den der Gesetzgeber in den §§ 306 bis 309 StGB. gebildet hat, ist im Rahmen dieser Arbeit nicht brauchbar, da der Katalog der Dinge, deren Inbrandsetzung vom Gesetzgeber mit Strafe wegen Brandstiftung bedroht wird, beispielsweise Mobilien, wie Hausrat, Fahrzeuge und ähnliches nicht umfaßt[1]. Es soll deshalb im vorliegenden Zusammenhang unter Brandstiftung die vorsätzliche Inbrandsetzung von beweglichen und unbeweglichen Sachen verstanden sein.

Die Brandstiftungen lassen sich in drei Gruppen einteilen, deren erste alle jene Fälle umfaßt, in denen gleichzeitig mit der Brandstiftung ein Versicherungsbetrug beabsichtigt ist. Ein solcher Fall liegt beispielsweise vor, wenn ein Landwirt seine Scheune samt den dort eingelagerten Vorräten in Brand setzt, um die Versicherungssumme zu erhalten. Diese Art der Brandstiftung wird im folgenden „betrügerische Brandstiftung" genannt. Die zweite Gruppe wird von solchen Brandstiftungen gebildet, die zwar nicht in der Absicht des Versicherungsbetruges begangen werden aber dennoch Ansprüche gegen einen Versicherer aufgrund einer Feuerversicherung zur Folge haben, beispielsweise also, wenn ein rachsüchtiger Landarbeiter die Scheune seines Arbeitgebers in Brand steckt, der daraufhin von seinem Feuerversicherer Ersatz für den entstandenen Schaden erhält. In der letzten Gruppe sind schließlich solche Fälle zu finden, die in keiner Weise ein irgendwie geartetes Versicherungsverhältnis berühren, beispielsweise eine Brandstiftung an einem unversicherten Objekt. Als Versicherungsverbrechen können nur die Fälle der ersten Gruppe bezeichnet werden, da nur sie dem Brandstifter oder einem Dritten einen Vorteil in Form einer Versicherungsleistung verschaffen. Die weiteren Erörterungen beziehen sich deshalb nur noch auf derartige Brandstiftungen.

Die betrügerische Brandstiftung wird ausnahmslos vorsätzlich begangen; der Verbrecher kennt den Erfolg seiner Tat und will ihn herbeiführen.

---

[1] Wer eigenen Hausrat in Brand setzt in der Absicht, einen Versicherungsbetrug zu begehen, kann in der Regel wegen Brandstiftung nicht bestraft werden.

2. Brandduldung und Brandvergrößerung

Weitere Erscheinungsformen des Versicherungsverbrechens im Bereich der Feuerversicherung sind neben der Brandstiftung die Brandduldung und die Brandvergrößerung. Brandduldung liegt vor, wenn der Versicherungsnehmer, der das Feuer zwar nicht selbst angelegt hat, nichts unternimmt, um einen aus irgendeiner anderen Ursache ausgebrochenen Brand zu bekämpfen, Brandvergrößerung, wenn der Versicherte dafür sorgt, daß ein ausgebrochenes Feuer möglichst viele versicherte Gegenstände vernichtet. Er ist zum Beispiel bemüht, daß das Feuer auf bisher verschont gebliebene Gebäudeteile übergreift, indem er für die entsprechende Zugluft sorgt oder Brandmittel ausgießt. Er wirft gerettete Gegenstände wieder ins Feuer oder versucht, die Feuerwehrleute zu veranlassen, sämtliche noch erhaltenen Gebäudeteile niederzureißen. Schließlich kann er zur Ausdehnung des Brandes beitragen, indem er Löschgeräte beschädigt oder beseitigt.

3. Brandstifterbanden

Häufig wird das Verbrechen der betrügerischen Brandstiftung bandenmäßig begangen. Mitglieder einer Bande führen gegen ein Honorar die eigentliche Brandstiftung aus, während ihre Auftraggeber die Zahlungen der Feuerversicherer einstreichen, wobei sie sich als „Opfer" der Brandstiftungsseuche ausgeben. Bekannt ist die pommersche Brandstifterbande, die zu Beginn der dreißiger Jahre ihr grauenvolles Unwesen trieb. Klaar[2] berichtet darüber unter anderem, daß diese Bande unter ihrem Anführer Emil Fechtner eine regelrechte Sammelstelle für Brandstiftungswünsche eingerichtet hatte. Gegen ein mäßiges Honorar steckten die Banditen auftragsgemäß Scheunen, Häuser und Schober in Brand, für deren Wiederaufbau der Bande angehörende Bauunternehmer und Sägewerksbesitzer sorgten. Die neu errichteten Gebäude wurden im Volksmund „Zeppelinhallen" genannt, weil sie in Größe und Ausstattung – zumal im Vergleich zu den abgebrannten Gebäuden – besonders auffielen; der Hauptzweck der Brandstiftungen war in den meisten Fällen, alte und unmoderne landwirtschaftliche Gebäude auf Kosten eines Feuerversicherers durch moderne Anlagen zu ersetzen. So wurde von den Verbrechern als Anlässe für ihre Taten angegeben, sie hätten sich an tiefliegenden Balken den Kopf angestoßen, der Vorplatz des Bauernhofes sei zu eng gewesen, um einen Erntewagen wenden zu können, und ähnliches. Der Bande konnten 120 Brandstiftungen nachgewiesen werden, die sie während eines Zeitraumes von sechs Jahren begangen hatte. Verurteilt wurden 62 Personen; davon waren elf eigentliche Brandstifter, während 51 Personen als Grundstückseigentümer und Bauunternehmer ihren Profit aus der Tätigkeit der Bande zogen.

---

[2] Klaar: Erfahrungen mit einer pommerschen Brandstiftungsbande, a.a.O.

4. Tattechniken

Die Techniken der Brandstiftung sind außerordentlich mannigfaltig; manche Brandstiftungsapparaturen sind geradezu kleine technische Wunderwerke und zeugen von einem nicht geringen Erfindungsgeist der Versicherungsbetrüger. Systematisch lassen sich die Tattechniken in Schnellzündung und Zeitzündung einteilen.

Der Brandstifter, der sich der Schnellzündung bedient, legt das Feuer mit Hilfe eines Streichholzes oder Feuerzeuges. Da das Streichholz mitverbrennt, kann er nur selten seiner Tat überführt werden, es sei denn, er wurde dabei beobachtet.

Die Zeitzündung kann auf mechanischem, optischem, chemischem oder elektrischem Weg ausgelöst werden. Von den mechanischen Zeitzündungsvorrichtungen sind vor allem Kerzen beliebt; der Brandstifter stellt eine Kerze inmitten von leicht brennbarem Material, wie Stroh, Holzwolle und ähnlichem auf, das entzündet wird, sobald die Kerze abgebrannt ist. Zuvor hat der Brandstifter an einer zweiten Kerze gleicher Art festgestellt, in welcher Frist sie bis auf den Grund niederbrennt, damit er sich den ungefähren Zeitpunkt des Brandausbruchs ausrechnen kann; für diesen Zeitpunkt – und das ist Sinn einer jeden Zeitzündung – beschafft er sich ein Alibi. – Für mechanische Zeitzündungsapparaturen wird auch häufig eine gewöhnliche Weckeruhr verwendet. Die Aufzugswelle des Läutewerks dreht sich, wenn dieses abläuft. Diese Bewegung wird durch eine sinnvolle Konstruktion auf die Reibfläche einer Streichholzschachtel übertragen, die an feststehenden Zündhölzern reibt und sie dadurch entzündet. Die Weckeruhr bietet außerdem noch zahlreiche weitere Möglichkeiten für Brandstiftungsapparaturen. Der Nachteil dieser Tattechnik besteht darin, daß der Wecker meist im Brandschutt gefunden wird und dann einen ersten Hinweis auf das vorliegende Verbrechen gibt. – Als letztes mechanisches Hilfsmittel ist noch die Zündschnur zu nennen, mit deren Hilfe sehr einfach eine Zeitzündung zu bewerkstelligen ist.

Auch mit Hilfe optischer Geräte kann der Versicherungsbetrüger eine Zeitzündung zustandebringen, indem er beispielsweise die Linse eines Brennglases so anbringt, daß die Sonnenstrahlen an einem bestimmten Tag, zu bestimmter Stunde auf die Linse fallen und dahinter aufgehäuftes Brandmaterial entzünden.

Häufig bedient sich der Brandstifter chemischer Mittel. Viele Substanzen entzünden sich, wenn sie sich verbinden; der Brandstifter hat nur dafür zu sorgen, daß eine solche Reaktion zu einem gewünschten Zeitpunkt ausgelöst wird. Das kann dadurch geschehen, daß eine Flasche, die mit Säure (zum Beispiel Salzsäure) gefüllt und mit einem gewöhnlichen Korken verschlossen ist, mit der Öffnung nach unten aufgehängt wird. Die Säure zerfrißt mit der Zeit den Korken und wird dann auf eine darunter aufgehäufte Substanz (zum Beispiel Kaliumchlorat) auslaufen. Die dabei entstehende Stichflamme entzündet das vorbereitete Brandmaterial.

Schließlich kann die Zeitzündung noch mit Hilfe der Elektrizität herbeigeführt werden, indem Heizplatten, Heizsonnen und ähnliche Geräte mit Brandmaterial umgeben werden, das nach einer bestimmten Frist von der ausgestrahlten Hitze in Brand gesetzt wird.

Es wäre noch vieles über die Tattechniken der Brandstifter zu sagen, doch sind solche Erörterungen in erster Linie für die kriminalpolizeiliche und nicht für die versicherungstechnische Bekämpfung der Brandstiftung bedeutend.

5. Die Indizien für die betrügerische Brandstiftung

Für den Versicherer ist es entscheidend zu erkennen, ob ein gemeldeter Brandschaden vom Versicherungsnehmer oder einem durch ihn Beauftragten vorsätzlich durch Brandstiftung herbeigeführt wurde. Es soll deshalb versucht werden, einen Katalog von Indizien aufzustellen, die im Einzelfall darauf hindeuten, daß eine betrügerische Brandstiftung vorliegt[3].

Bereits die **wirtschaftlichen Verhältnisse** der Brandstifter weisen in vielen Fällen Ähnlichkeiten auf, so daß einzelne Umstände in der finanziellen Lage des Versicherten Rückschlüsse darüber zulassen, ob etwa der Versicherungsfall vorsätzlich und in betrügerischer Absicht herbeigeführt wurde. Die Mehrzahl der Versicherungsbetrüger befindet sich in sehr schlechten wirtschaftlichen Verhältnissen. Der einzelne Brandstifter verfügt im allgemeinen über keine liquiden Mittel, sein Besitztum ist verschuldet. Oft wird die Brandstiftung durchgeführt, um mit Hilfe des vom Versicherer erwarteten Betrages in Kürze bevorstehenden Zahlungsverpflichtungen aufgrund von Steuerschulden, verlorenen Prozessen, Erbschaftsauseinandersetzungen, Unterhaltsansprüchen, gekündigten Darlehen oder Hypotheken nachkommen zu können. Wenn ein versichertes Gebäude reparaturbedürftig ist oder von der Baubehörde dessen Abbruch angeordnet wurde, besteht vielerorts die Neigung, das Gebäude „warm abzubrechen". Pfändungen, Zwangsversteigerungen und Offenbarungseid beim Versicherungsnehmer sind weitere Umstände, die die besondere Aufmerksamkeit des Versicherers erfordern.

Neben der wirtschaftlichen Lage des Versicherten sind es vor allem die den meisten Brandstiftungen vorausgehenden **Vorbereitungshandlungen**, die den ersten Fingerzeig für das Verbrechen geben. Der Versicherungsbetrüger weicht dabei sehr oft von seinem üblichen Verhalten ab. – Zunächst unternimmt er Schritte, um das **Versicherungsverhältnis** so zu gestalten, daß der Betrug möglichst lohnend wird. Zu die-

---
[3] Eine Sammlung wirtschaftskriminalistischer Indizien für eine betrügerische Inbrandsetzung findet sich auch bei Zirpins: Wirtschaftskriminalistik bei der Brandermittlung, a.a.O., S. 185 ff.

sem Zweck beantragt er aus eigenem Antrieb eine erhebliche Nachversicherung, nachdem er bisher trotz jahrelangen Zuredens des Versicherungsagenten nicht dazu zu bewegen war, die Versicherungssumme den Versicherungswerten anzupassen. Bei der Neuordnung des Versicherungsvertrages wird die Versicherungssumme so hoch angesetzt, daß sich eine erhebliche Überversicherung ergibt. Oft beantragt der Betrüger statt einer Nachversicherung zu einem bestehenden Vertrag eine Doppelversicherung bei einer anderen Gesellschaft, deren Abschluß er seinem bisherigen Versicherer verschweigt. – Die aufgrund seiner Anträge ausgestellten Versicherungsscheine oder Nachträge löst er (entgegen seinen sonstigen Zahlungsgewohnheiten) sofort ein; oft entrichtet er noch Beitragsrückstände – manchmal mit geliehenem Geld –, damit der Versicherer sich nicht auf seine Leistungsfreiheit gemäß §§ 38, 39 VVG. berufen kann. Die Art des Versicherungsverhältnisses, die besonderen Umstände seines Zustandekommens und der Prämienzahlung können bedeutende Indizien für das Vorliegen einer betrügerischen Brandstiftung sein.

Nachdem das Versicherungsverhältnis nach seinen Wünschen gestaltet ist, schreitet der Brandstifter zu der Vorbereitung der eigentlichen Tat. Er entfernt wertvolle Gegenstände, wie Schmuck, teure Maschinen, das beste Vieh vom Versicherungsgrundstück und bringt diese Gegenstände bei guten Freunden unter. Diese Gegenstände werden später der Gesellschaft gegenüber als verbrannt angegeben. Häufig lagert er an ihrer Stelle wertlose Dinge ein. – Alsdann versucht er, sich für den geplanten Zeitpunkt der Brandstiftung ein Alibi zu verschaffen, insbesondere dann, wenn er sich der Zeitzündung bedienen will. Zu diesem Zweck sorgt er für Zeugen, die Angaben über seinen Aufenthalt zur Zeit des Brandausbruches machen können, oder er reist an einen anderen Ort, oft genug, ohne später einen Grund für eine solche Reise angeben zu können. Andere Zeugen, die ihm bei der Vorbereitung und Durchführung der Tat lästig werden könnten, insbesondere seine Arbeiter und die nicht eingeweihten Familienangehörigen, werden weggeschickt. – Der Brandstifter kauft Brandmittel (Benzin, Petroleum, Spiritus, Öl) in größeren Mengen ein. Schließlich bereitet er den Brandherd vor, indem er diese Brandmittel ausgießt, Möbel von den Wänden abrückt, Behältnisse öffnet und so weiter.

In den dem Verbrechen vorausgehenden Wochen macht der Brandstifter oft Äußerungen, die ihm später zum Verhängnis werden, da sie – nun im Zusammenhang gesehen – Hinweise auf das Verbrechen geben. So erzählt er im Ort von „Ahnungen" oder „Träumen", wonach in Kürze bei ihm ein Brand ausbrechen werde. Er gebraucht Redewendungen wie „ich werde jetzt andere Wege beschreiten" oder „bald passiert etwas". Oft richtet er an sich selbst Brand- oder Drohbriefe, in denen der Brand angekündigt wird; dadurch sucht er den Verdacht von seiner Person abzulenken.

Oft hat es bei einem Brandstifter in früherer Zeit schon einmal gebrannt; ein solcher Brand oder ein Schadenfeuer in der näheren Umgebung und die sich daran anschließende, für den Brandbetroffenen günstige Schadenregulierung können den Verbrecher erst angeregt haben, seinerseits einen Versicherungsbetrug zu begehen. Vorausgegangene Brände beim Versicherungsnehmer oder in seiner Nachbarschaft können deshalb einen aufgrund von anderen Indizien bestehenden Verdacht auf eine betrügerische Brandstiftung erheblich verstärken.

Auch das V e r h a l t e n des Versicherten w ä h r e n d d e s B r a n d a u s - b r u c h e s und der Branddauer bietet oft Anhaltspunkte dafür, daß ein Verbrechen vorliegt. So berichtet S c h m e r l e r[4] von einem Brandstifter, der den Ausbruch des Feuers in einer Gastwirtschaft abwartete; der Verbrecher lief in kurzen Zeitabständen auf die Straße, um nach dem Dach seines Hauses zu sehen. – Die Brandnachricht selbst nimmt der Brandstifter häufig verhältnismäßig ruhig hin, da er nicht in der Lage ist, Überraschung vorzutäuschen. – Sofern er sich in der Nähe des Brandortes aufhält, verzögert er die Brandmeldung, um Brandstiftungsapparaturen beseitigen zu können; außerdem soll das Feuer schon möglichst viel zerstört haben, bevor die Feuerwehr anrückt. – Die Lage und die Eigenart des Brandherdes haben schon in vielen Fällen den Brandstifter überführt. Der Herd wird im allgemeinen in verschlossenen Räumen angelegt. Häufig arbeitet der Verbrecher mit mehreren Brandherden, ein Verfahren, das sofort die Brandstiftung erkennen läßt, wenn Zeugen oder Mitglieder der Feuerwehr diesen Sachverhalt bemerken.

Ein vorsätzlich angelegtes Feuer zeichnet sich dadurch aus, daß es zu Beginn des Brandes sehr stark brennt und unwahrscheinlichen Gesetzmäßigkeiten folgt. Der Brandstifter versucht nämlich, dem Brand durch Öffnen von Türen und Fenstern oder mit Hilfe von besonders angelegten Zuglöchern eine bestimmte Richtung zu geben.

Oft versucht der Versicherungsbetrüger, die Löscharbeiten zu stören, indem er Löschgeräte beschädigt und beseitigt, Eingangstüren und Fenster versperrt oder falsche Angaben über den Brandherd macht. An den Löscharbeiten beteiligt er sich entweder überhaupt nicht, damit nur wenige Gegenstände gerettet werden, oder er legt einen Übereifer an den Tag, um keinen Verdacht der Brandstiftung aufkommen zu lassen.

Das besondere V e r h a l t e n des Versicherungsnehmers n a c h d e m B r a n d birgt weitere Indizien für das Vorliegen eines Verbrechens in sich. Der Brandstifter drängt stets auf schnelles Aufräumen der Brandstätte, damit Spuren von Zeitzündungsanlagen und Brandmitteln beseitigt werden. Er gibt falsche Berichte über den Verlauf des Brandes und vertritt hartnäckig die Ansicht, daß eine ganz bestimmte – und nur diese – Brand-

---

[4] S c h m e r l e r : Die Brandstiftungskriminalität, S. 93.

ursache in Frage komme. Oft verdächtigt er andere Personen der Brandstiftung oder versucht, Zeugen zu beeinflussen, damit sie zu seinen Gunsten aussagen. — In seiner Eitelkeit beginnt er kurze Zeit nach dem Brand, bei seinen Bekannten mit dem geglückten „Unternehmen" zu prahlen. — Der Brandstifter zeichnet sich meist auch durch Betrugsversuche bei der Schadenregulierung aus, indem er seinem Feuerversicherer gegenüber falsche Angaben über Menge und Wert der verbrannten Gegenstände macht.

6. Die latente Brandstiftungskriminalität

Trotz dieser Fülle von Indizien, die bei jeder betrügerischen Brandstiftung in mehr oder minder vollem Umfang vorhanden sind, wird der Brandstifter nur in sehr wenigen Fällen seiner Tat überführt und ihretwegen verurteilt. Die Dunkelziffer, das Verhältnis zwischen der Zahl der wirklich begangenen Straftaten und der Zahl der Verurteilungen, ist bei dieser Verbrechensart besonders hoch. So stellte Jerrentrup[5] in seiner Arbeit über die Brandstiftungskriminalität im Landgerichtsbezirk Paderborn fest, daß in den Jahren 1934 (1935) im Durchschnitt von 16,5 (14,7) der Brandstiftung Verdächtigen nur einer verurteilt wurde. — Eine alte Erkenntnis der Kriminalisten besagt, daß es leichter sei, von zehn Mördern neun ihrer Tat zu überführen als von zehn Brandstiftern einen.

Der Hauptgrund für die geringe Zahl von Verurteilungen ist meines Erachtens in erster Linie darin zu suchen, daß die Gerichte davor zurückschrecken, einen der Brandstiftung Verdächtigen ohne dessen Geständnis zu einer langen Freiheitsstrafe zu verurteilen, selbst wenn eine Reihe der geschilderten Indizien vorliegt. Dem Feuerversicherer sollte jedoch das Vorhandensein solcher Verdachtsmomente genügen, um die Leistung aus dem bestehenden Feuerversicherungsvertrag zu verweigern. Der betrügerische Brandstifter wird in einem Zivilprozeß, der ihm zur Durchsetzung seiner vermeintlichen Ansprüche zur Verfügung steht, Schwierigkeiten haben, die ihn belastenden Verdachtsmomente auszuräumen.

II. Motive

Da im Rahmen dieser Arbeit nur die Brandstiftungen untersucht werden, die mit dem Ziel des Versicherungsbetruges begangen werden, scheiden alle die Fälle aus, in denen Haß, Rache, Heimweh, Eifersucht, Neid oder Schadenfreude Motive zur Tat waren. Deckungsbrände, die angelegt werden, um ein anderes Verbrechen, wie Mord, Einbruch, Unterschlagung und ähnliches zu verdecken oder vorzubereiten, und Kinderbrandstiftungen werden ebenfalls nicht berücksichtigt, denn sie sind keine Versicherungsverbrechen. Schließlich wird noch die große Zahl der Brandstiftun-

---

[5] Jerrentrup: Die Brandstiftung ..., S. 8.

gen ausgeschieden, die von geistig nicht zurechnungsfähigen Personen begangen werden; psychologische Minderwertigkeit, Hysterie, Melancholie, Schwachsinn, Epilepsie und Verfolgungswahn sind unter den Brandstiftern in erheblichem Umfang anzutreffen. Auch die Tat des Herostrat fällt in diese Kategorie von Brandstiftungen; die fama sagt dem Griechen nach, er habe – angestachelt von krankhafter Ruhmsucht – den Tempel der Artemis in Ephesus angezündet, um dadurch seinen Namen unsterblich zu machen. Seine Erwähnung beweist den Erfolg seiner Absicht. – Zu Beginn unseres Jahrhunderts war die Wissenschaft sogar der Ansicht, daß die Sucht, Feuer zu legen, eine Krankheit sui generis sei, und nannte diese spezielle Erkrankung des Geistes „Pyromanie". Heute wird die Pyromanie als selbständige Krankheit weitgehend abgelehnt[6].

1. Die Motive zur Tat

Die Motive für die betrügerische Brandstiftung an eigener Habe sind in der Mehrzahl aller Fälle Geldgier, Eigennutz, Habsucht, Geiz und Selbstsucht, kurz, die Sucht, sich auf Kosten eines Dritten einen wirtschaftlichen Vorteil zu verschaffen. Oft tritt auch übersteigerter Ehrgeiz als Motiv auf, insbesondere dann, wenn die finanziellen Mittel fehlen, um diesen Ehrgeiz zu befriedigen.

Auch Eifersucht und Liebe können das Motiv für das Versicherungsverbrechen sein. So berichten die Dresdener Neueste Nachrichten vom 6. 3. 1925[7], daß ein Gutsbesitzer sein Anwesen in Brand setzte, um die Versicherungssumme zu erhalten, weil er dauernd verspottet wurde, keine Frau würde ihn heiraten, solange sein alter und baufälliger Gutshof nicht renoviert werde. Der verlachte Liebhaber beschloß, an der Renovierung seines Anwesens seinen Feuerversicherer zu beteiligen. – Über einen ähnlichen Fall referiert Helmer[8]: Die Gebäude des landwirtschaftlichen Anwesens des G. waren infolge von Vernachlässigung in einen sehr schlechten Zustand geraten. Aus diesem Grund löste die Braut des Hoferben die Verlobung auf; „in einen solchen Schweinestall wolle sie nicht einziehen". Der enttäuschte Bräutigam überlegte gemeinsam mit seiner Mutter, wie er sich eine derartige Absage ein zweitesmal ersparen könne. Da Geldmittel nicht vorhanden waren, steckten Mutter und Sohn gemeinsam das Gebäude in Brand, um mit der Versicherungsleistung einen Neubau zu errichten, der auch den Ansprüchen verwöhnter Bräute gerecht werden sollte.

---

[6] Meinert: Die Brandstiftung ..., S. 39; Ewald: Die Brandstiftung ..., S. 112; Vogel: Brandstiftungen ..., S. 82; Hallermann: Gibt es eine Pyromanie?, a.a.O., S. 314; Nelken: Die Brandstiftung ..., S. 8 f.; Wulffen: Kriminalpsychologie, S. 385.
[7] Berichtet von Nelken: Die Brandstiftung ..., S. 52.
[8] Helmer: Die Frau als vorsätzliche Brandstifterin, a.a.O., S. 224.

Der Versicherungsbetrug wird in manchen Fällen nicht vom Eigentümer der versicherten Gegenstände, der in der Regel der Versicherungsnehmer ist, sondern von Dritten begangen, die sich von der Auszahlung einer Entschädigung an den Versicherten irgendwelche Vorteile versprechen.

Insbesondere sind es Handwerker, die fremde Gebäude in Brand stecken, um bei den Wiederaufbauarbeiten Verdienst zu finden. G r a s s b e r g e r[9] berichtet von einem solchen Fall: In den Jahren 1924 bis 1926 brannten in der Umgebung eines Ortes 24 Scheuern ab, ohne daß die Brandursachen geklärt werden konnten. Erst 1927 gelang es, eine vierköpfige Brandstifterbande ausfindig zu machen, deren geistiges Oberhaupt die Gattin des Bürgermeisters dieses Ortes war. Der Bürgermeister selbst besaß eine Bauschreinerei und hatte in allen Fällen die abgebrannten Häuser wieder aufgebaut. Durch die Brandlegungen hatte die Frau des Bürgermeisters das Geschäft ihres Mannes beleben wollen. — Ein schier unglaublicher Fall von derartiger „Arbeitsbeschaffung" ereignete sich 1951/52 in Österreich:[10] Der Maurer J. B. aus Linz baute in jeden Kamin, den er errichtete, einen Zeitzünder ein. Dieser Zünder war mit Holz verschalt, so daß nach einiger Zeit — sobald das Holz verkohlt war — eine Explosion stattfand, durch die der Kamin — in manchen Fällen auch das ganze Haus — zerstört wurde. Der findige Maurer vergaß nicht, sein eigenes Haus ebenfalls auf diese Weise zu zerstören.

Brandstiftungen durch Dritte mit dem Ziel des Versicherungsbetruges werden auch häufig mit Mitleid oder Gefälligkeit motiviert. So berichtet N e l k e n[11] von mehreren Fällen, in denen die Brandstifter den Brandbetroffenen „die Versicherungssumme zukommen lassen wollten". Ebenfalls von N e l k e n[12] wird der folgende Fall erwähnt, der, wie der Berichterstatter kommentiert, zeigt, wie weit der moralische Zersetzungsprozeß bereits fortgeschritten ist. Im Jahre 1922 stand der Bürgermeister eines kleinen Städtchens vor seinem 60. Geburtstag. Er war beliebt und geachtet, so daß sich die Mitglieder des Gemeinderates überlegten, welche Freude sie dem Jubilar bereiten könnten. Mehrere Vorschläge waren bereits abgelehnt worden, als einer der Ratsherren mit dem Plan hervortrat, man solle dem Bürgermeister zur Feier seines Geburtstages das Haus in Brand stecken; es sei alt und baufällig, aber gut versichert. Dieser Vorschlag fand allgemeine Zustimmung. Der Ortsdiener wurde gegen ein geringes Honorar gewonnen, mit einem Streichholz zu gegebener Stunde das Nötige zu veranlassen. Am Geburtstag schlugen plötzlich die Flammen aus dem Bürgermeisterhaus. Die Feuerwehr, die in den Plan eingeweiht war, er-

---
[9] G r a s s b e r g e r : Die Brandlegungskriminalität ..., S. 142.
[10] Dieser Fall ist dem Archiv des Gesamtverbandes der Versicherungswirtschaft e. V., Köln, entnommen.
[11] N e l k e n , Die Brandstiftung ..., S. 76 f.
[12] N e l k e n , Verbrechen und Versicherung, S. 9.

schien pünktlich, jedoch nicht um zu löschen, sondern um alles kurz und klein zu schlagen, was dem Feuer noch nicht zum Opfer gefallen war.

Auch übertriebene Eitelkeit kann zur betrügerischen Brandstiftung an fremdem Eigentum führen. Die Brandstiftungsepidemie von Siebenlehen[13] in den Jahren 1896 bis 1906 ist ein Beispiel dafür. In diesem Zeitraum ereigneten sich in dem kleinen Ort 43 Brände, durch die 65 Anwesen vollständig eingeäschert wurden. Alle Brände waren auf Veranlassung des Bürgermeisters von Siebenlehen gelegt worden, der den Ehrgeiz und die Eitelkeit besaß, sein Städtchen neu und nach den modernsten Gesichtspunkten aufzubauen. In den meisten Fällen waren Mitglieder der Ortsfeuerwehr die Brandstifter. Sie sorgten auch dafür, daß das Feuer auf Nachbargebäude übergriff, indem sie Brandmauern niederrissen oder brennende Balken auf die Nachbardächer warfen.

2. Die Anlässe zur Tat

Wie ich in der Einleitung erörterte, ist genau zu unterscheiden zwischen dem Motiv für das Versicherungsverbrechen und dem unmittelbaren Anlaß dazu. Das Motiv für die Brandstiftung, die Habgier, die Geldsucht oder der Ehrgeiz ist bei dem Verbrecher meist schon lange Zeit vor der Tat vorhanden, wird aber erst ausgelöst, wenn der äußere Anlaß hinzutritt.

Anlaß zu einer betrügerischen Brandstiftung kann eine allgemein schlechte wirtschaftliche Lage eines Versicherten sein. Fälligkeit von Schulden oder Zinsen, Geldbedarf für die Aussteuer von Töchtern oder die Abfindung von Söhnen, Absatzschwierigkeiten in Landwirtschaft, Gewerbe und Industrie oder drohende Zwangsversteigerungen können den Verbrecher zur Tat veranlassen. Neubaupläne und beabsichtigte Geschäftserweiterungen sind weitere Anlässe zur Brandstiftung. Oft genügt bereits die Tatsache, daß die vorhandenen Gebäude, Maschinen und Geräte alt und abgenützt sind, um einen Versicherungsbetrug auszulösen. Diese Gegenstände werden dann an die Versicherung „verkauft".

3. Die Person des Brandstifters

Es sei an dieser Stelle noch etwas über die Person des Brandstifters gesagt, sofern es nicht bereits bei den allgemeinen Ausführungen über den Versicherungsverbrecher erwähnt wurde. Seelig[14] nennt den Brandstifter aus finanzieller Notlage einen „Krisenverbrecher". Das besondere Merkmal dieses Verbrechers ist nach seiner Meinung die Überlegung, mit der er die Tat begeht. An anderer Stelle nennt Seelig[15] den

---

[13] Berichtet von Nelken: Die Brandstiftung ..., S. 83.
[14] Seelig: Lehrbuch der Kriminologie, S. 97 f.
[15] Seelig: Lehrbuch der Kriminologie, S. 115.

betrügerischen Brandstifter einen „skrupellosen Streber". Auch Jerrentrup[16] weist in seiner Arbeit darauf hin, daß die betrügerische Brandstiftung ein auf lange Sicht geplantes Verbrechen sei; er nennt den Versicherungsbetrüger einen „Nutzungstäter". Der gleiche Ausdruck findet sich bei Sauer[17].

Ein besonders wichtiges Merkmal des Brandstifters scheint mir die Skrupellosigkeit zu sein, mit der er um seines Vorteils willen eine große Gemeingefahr herbeiführt. Durch seine Tat gefährdet er andere Personen und Sachen, denn es gelingt ihm nur selten, das von ihm entfachte Feuer zu beherrschen und zu kontrollieren; es besteht stets die Gefahr, daß der Brand auf benachbarte Gebäude übergreift. Sauer[18] nennt deshalb die Brandstiftung ein „Delikt gegen die gesellschaftliche Ordnung".

Der Brandstifter vernichtet durch seine Tat Volksvermögen. Dadurch unterscheidet er sich von der Mehrzahl der anderen Verbrecher. Der Dieb, der Räuber, der Einbrecher, der Betrüger, sie verändern durch ihre Verbrechen nicht Menge und Wert der in einer Volkswirtschaft vorhandenen Güter, sondern nur deren Besitzlage.

Der betrügerische Brandstifter ist im Grunde seines Wesens feige. Seine Tat bedarf keines körperlichen Einsatzes. Niemals steht er – wie beispielsweise der Mörder – seinem Opfer direkt gegenüber. Er kann sein Verbrechen heimlich und in aller Stille vorbereiten. Er weiß, daß der Nachweis seiner Tat sehr schwierig ist, da er – sofern er die Tattechnik der Zeitzündung wählt – während der Tat nicht überrascht werden kann und das Feuer verräterische Spuren weitgehend vernichtet. Persönlicher Mut ist deshalb keineswegs die Voraussetzung für das Versicherungsverbrechen in Form der betrügerischen Brandstiftung.

Zum Abschluß der Erörterungen über die Person des Brandstifters sei noch untersucht, in welchem Ausmaß Frauen als betrügerische Brandstifterinnen auftreten. Im Jahre 1956 waren unter 187 wegen vorsätzlicher Brandstiftung verurteilten Personen 20 weibliche Täter[19]; das entspricht einem Anteil von 10,7%. Der Anteil der Frauen an der Gesamtkriminalität in Deutschland – ebenfalls nach der Zahl der Verurteilungen gerechnet – betrug dagegen 11,7%[20]. Es ergibt sich aus diesen Zahlen, daß Frauen in einem unter dem Durchschnitt liegenden Ausmaß an der Brand-

---

[16] Jerrentrup: Die Brandstiftung ..., S. 79.
[17] Sauer: Kriminalsoziologie, Band II, S. 238.
[18] Sauer: Kriminalsoziologie, Band II, S. 236.
[19] Statistisches Jahrbuch für die Bundesrepublik Deutschland, 1958, S. 104.
[20] Nach Angaben im Statistischen Jahrbuch für die Bundesrepublik Deutschland, 1958, S. 97.

stiftungkriminalität beteiligt sind. Helmer[21] kommt dagegen aufgrund einer für das Gebiet von Schleswig-Holstein vorgenommenen Untersuchung zu dem Ergebnis, daß 25% aller Brandstiftungen von Frauen begangen wurden; er begründet diesen Unterschied von der amtlichen Statistik mit der Art der Erhebungsmethode. – In 33% der von ihm untersuchten Fälle lagen betrügerische Brandstiftungen vor; die Motive für die restlichen Verbrechen waren vorwiegend gefühlsmäßiger Art.

Folgende Überlegungen beschränken die Aussagekraft dieser Zahlenangaben. Die Frau, von ihrem Wesen her im allgemeinen gefühlsbetonter und weniger für kühle, rechnerische Überlegungen zugänglich als der Mann, ist nur selten geneigt, einen Brand mit dem Ziel des Versicherungsbetruges zu legen. Als „Hausfrau" bringt sie es nicht über das Herz, ihre Wirkungsstätte in Schutt und Asche zu legen. Diese Verhaltensweise verhindert jedoch nicht, daß die Frau einen – wenn auch mehr passiven – erheblichen Anteil an der betrügerischen Brandstiftungskriminalität hat. Häufig ist sie Mitwisserin oder Gehilfin des Täters und an der Planung des Verbrechens beteiligt. In vielen Fällen geben Klagen der Frau über die wirtschaftliche Notlage, über die Unzulänglichkeit und Unzweckmäßigkeit der Wohnung und deren Einrichtung den Anstoß zum Brandversicherungsbetrug. An der eigentlichen Tatausführung wirkt die Frau jedoch meist nicht mit, so daß ihre Mittäterschaft unentdeckt und sie deshalb straflos bleibt. – Die Zusammenhänge erweisen sich also als vielschichtig, so daß Aussagen über betrügerische Brandstiftungen durch Frauen aufgrund von Verurteiltenziffern nur bedingt möglich sind.

III. Häufigkeiten

1. Absolute Häufigkeiten

Die absolute Zahl der begangenen betrügerischen Brandstiftungen läßt sich mit hinreichender Genauigkeit ebensowenig angeben wie die Höhe der dabei vernichteten Werte. Einmal sind die vorhandenen Brandschadenstatistiken für diesen Zweck völlig unzureichend, zum anderen ist die Zahl der nicht aufgedeckten Fälle sehr hoch. Auch die Kriminalstatistik des Statistischen Bundesamtes kann über die absoluten Häufigkeiten der betrügerischen Brandstiftung keine Auskunft geben. Diese Statistik bedient sich einer abstrakten Betrachtungsweise; der Verbrecher, der mehrere strafbare Handlungen gleichzeitig begeht, wegen dieser Taten aber nur in einem Strafverfahren abgeurteilt wird, erscheint in der Statistik unter den wegen des Deliktes Verurteilten, das mit der höchsten Strafe bedroht ist. Das bedeutet, daß der Brandstifter, der gleichzeitig Versicherungsbetrüger ist, unter den aufgrund der §§ 306 bis 308 und 311 StGB.

---

[21] Helmer: Die Frau als vorsätzliche Brandstifterin, a.a.O., S. 217.

Verurteilten erscheint. In dieser Gruppe sind aber auch die Brandstifter enthalten, die mit ihrer Tat nicht gleichzeitig einen Versicherungsbetrug begangen haben. Unter § 265 StGB., der Spezialvorschrift über den Versicherungsbetrug, erscheinen in der Kriminalstatistik aufgrund der geschilderten Erfassungsmethode nur sehr wenige Verurteilte; möglicherweise handelt es sich um Fälle von Seeversicherungsbetrug.

Auch bei den einzelnen Versicherungsgesellschaften und den Verbänden der Versicherungswirtschaft[22] liegen keine Statistiken über die Gesamtzahl der betrügerischen Brandstiftungen vor. Die einzige Möglichkeit, zu einer einigermaßen genauen Aussage über das tatsächliche Ausmaß der hier interessierenden Kriminalität zu kommen, besteht in Einzeluntersuchungen. Ob solche Arbeiten, die sich nur auf eine beschränkte Anzahl von Brandfällen erstrecken, Schlüsse auf die Gesamtkriminalität zulassen, hängt davon ab, ob das herangezogene Material repräsentativ für die Gesamtheit der in Deutschland begangenen Brandstiftungen ist. Ich glaube, daß diese Voraussetzung bei keiner der mir bekanntgewordenen Untersuchungen in vollem Umfang gegeben ist, da diese sich auf die Kriminalität in räumlich begrenzten Gebieten beschränken, deren Bevölkerungen sich aus jeweils verschiedenen Berufsgruppen zusammensetzen. Wie unten dargestellt werden wird, ist die Brandstiftungskriminalität je nach den vorherrschenden Berufsgruppen verschieden hoch, so daß die gefundenen Ergebnisse nur mit Vorbehalten außerhalb der Untersuchungsgebiete als verläßlich angesehen werden können.

Die erste Untersuchung über die Brandstiftungskriminalität hat Grassberger[23] im Jahre 1927 durchgeführt. Seine Arbeit beschränkt sich auf österreichische Verhältnisse, so daß ihr Ergebnis nicht ohne weiteres auch für deutsche Verhältnisse als richtig gelten kann, da die hiesige Wirtschafts- und Bevölkerungsstruktur von der dortigen grundlegend verschieden ist. Grassberger kommt zu folgendem Ergebnis: „Nach der errechneten Häufigkeit der im Jahre 1926 gelegten Brände und Gegenüberstellung der Ergebnisse der Strafverfahren kann bei Anwendung des größten Sicherheitskoeffizienten gesagt werden, daß mindestens 90% aller im Jahre 1926 gelegten Brände auf Versicherungsbetrug zurückzuführen sind"[24]. Ohne auf eventuelle Fehlerquellen einzugehen, erscheint mir dieser Hundertsatz zu hoch.

---

[22] Befragt wurden der Gesamtverband der Versicherungswirtschaft e. V. Köln, der Verband der Sachversicherer e. V., Köln und eine Anzahl großer deutscher Sachversicherungsgesellschaften.

[23] Grassberger: Die Brandlegungskriminalität, eine Untersuchung über ihre Ausdehnung, Bedingungen und Bekämpfung, Wien 1928.

[24] Grassberger: Die Brandlegungskriminalität, S. 79.

Schmerler[25], der die Brandstiftungskriminalität im Landgerichtsbezirk Gera/Thüringen während der Jahre 1906 bis 1930 untersucht hat, kommt dagegen zu dem Ergebnis, daß der Anteil der mit der Absicht des Versicherungsbetruges begangenen Brandstiftungen an den gesamten vorsätzlichen Brandstiftungen im Durchschnitt dieser Jahre 23,8% betrug; dabei ergab sich der höchste Hundertsatz für den Durchschnitt der Jahre 1924 bis 1930 mit 32,4%[26]. Der Widerspruch, in dem diese Zahlen mit den Feststellungen von Grassberger stehen, erklärt sich zum Teil daraus, daß in Thüringen verhältnismäßig wenig Landwirtschaft betrieben wird[27].

Die dritte größere Arbeit über die Brandstiftungskriminalität stammt von Jerrentrup[28], der die besonderen Verhältnisse im Landgerichtsbezirk Paderborn erforscht hat. Er errechnet den Anteil der betrügerischen Brandstiftungen mit 60%[29] an den gesamten vorsätzlichen Brandstiftungen. Nach seinen Angaben wurde dieser Anteil auch von anderen Autoren in älteren oder kleineren Untersuchungen festgestellt.

Eine eigene Untersuchung möge diese Zahlen ergänzen. Während die bisher genannten Arbeiten die Zielsetzung hatten, den Anteil der betrügerischen Brandstiftungen an der Gesamtzahl der vorsätzlich begangenen Brandstiftungen festzustellen, soll in der folgenden Aufstellung festgehalten werden, welcher Teil der Entschädigungssummen aus Feuerversicherungsverträgen auf betrügerische und auf sonstige vorsätzliche Brandstiftungen entfällt. Von den vorhandenen Brandschadenstatistiken der deutschen Versicherungswirtschaft erscheint die „Statistik der Brandschäden in Höhe von 30 000 Mark und darüber", die von der Arbeitsgemeinschaft privater Feuerversicherungsgesellschaften in Deutschland während der Jahre 1925 bis 1936 herausgegeben wurde, für die Feststellung der Brandstiftungskriminalität am brauchbarsten. Diese Statistik führt bei jedem einzelnen Schaden die erwiesene oder vermutete Brandursache, also auch eine erwiesene oder vermutete Brandstiftung durch den Versicherungsnehmer (betrügerische Brandstiftung) oder durch Dritte (aus den Motiven Rachsucht, Neid und so weiter) an. Die aus dieser Statistik errechneten Zahlen sind jedoch ebenfalls mit Fehlern behaftet; einmal sind nur Schäden erfaßt, aufgrund deren eine Entschädigung von über 30 000 Mark gezahlt wurde, zum anderen sind die Schadenfälle der öffentlich-rechtlichen Feuerversicherer nicht berücksichtigt. Die folgenden Zah-

---

[25] Schmerler: Die Brandstiftungskriminalität im Landgerichtsbezirk Gera (Thüringen), Jena 1936.
[26] Schmerler: Die Brandstiftungskriminalität ..., S. 55.
[27] Schmerler: Die Brandstiftungskriminalität ..., S. 2.
[28] Jerrentrup: Die Brandstiftung in kriminalsoziologischer Betrachtung, Münster i. W. 1937.
[29] Jerrentrup: Die Brandstiftung ..., S. 85.

len ergeben sich aus den Angaben der Statistik über die Schäden in der landwirtschaftlichen Feuerversicherung[30] für die Jahre 1929 bis 1931:

	1929	1930	1931
1. Summe der gezahlten Entschädigungen in Millionen RM	4,782	5,010	4,789
2. Entschädigungssumme, die auf betrügerische Brandstiftung entfällt, in Millionen RM	1,390	1,492	1,629
3. Entschädigungssumme, die auf Brandstiftung durch Dritte entfällt, in Millionen RM	1,045	0,597	0,865
4. Zeile 2 in % von Zeile 1	29	30	34
5. Zeile 3 in % von Zeile 1	22	12	18
6. Zeile 2+3 in % von Zeile 1	51	42	52

Es verwundert zunächst, daß in der Spalte „Entschädigungssumme, die auf betrügerische Brandstiftung durch den Versicherungsnehmer entfällt" überhaupt ein Betrag ausgewiesen wird, da der Versicherer nach den Vorschriften des VVG. und der AFB. beim Vorliegen dieses Tatbestandes leistungsfrei ist. Der in Zeile 2 angegebene Betrag entfällt auf die vermuteten betrügerischen Brandstiftungen, die die nachgewiesenen der Zahl nach bei weitem übersteigen. In den Fällen von nachgewiesenen betrügerischen Brandstiftungen wurde in Zeile 2 statt der Entschädigung der Schaden berücksichtigt. Im übrigen ist der Versicherer sehr oft trotz des gelungenen Nachweises der Brandstiftung aufgrund von § 102 VVG. zu einer Leistung an einen Hypothekengläubiger des Versicherungsnehmers verpflichtet.

Die Zahlen zeigen das erschreckende Ausmaß des Versicherungsverbrechens in Form der betrügerischen Brandstiftung; im Bereich der Landwirtschaft werden rund 30% aller durch Brände vernichteten Werte von Versicherungsbetrügern zerstört.

2. Relative Häufigkeiten

Von den relativen Häufigkeiten soll zunächst die **Abhängigkeit der Brandstiftungskriminalität von der Wirtschaftslage** untersucht werden. Man stößt dabei auf das Problem der sogenannten „Konjunkturbrände", das schon oft Gegenstand wissenschaftlicher Untersuchungen war. Besonders zur Zeit der Weltwirtschaftskrise haben sich zahlreiche namhafte Autoren damit befaßt, ohne jedoch zu übereinstimmenden Ergebnissen zu kommen.

---

[30] Die Zahlen aus der landwirtschaftlichen Feuerversicherung wurden deshalb gewählt, weil in diesem Versicherungszweig die betrügerische Brandstiftungskriminalität besonders hoch ist. Außerdem lassen sich in diesem Bereich die vermuteten Brandstiftungen in den meisten Fällen erkennen.

Unbestritten ist, daß der Brandschadenverlauf im Zeitablauf starken Schwankungen unterworfen ist. Die Ansichten, wie dieser Umstand zu erklären ist, lassen sich in zwei Gruppen unterteilen. Die eine Gruppe führt die Schwankungen im wesentlichen auf die Einwirkungen elementarer Ereignisse, wie Temperaturen, Niederschlagsmengen und so weiter zurück, während die andere Gruppe in den wirtschaftlichen Erscheinungen der einzelnen Konjunkturphasen und ihren Einwirkungen auf die betrügerische Brandstiftungskriminalität die Haupteinflußgrößen für den Schadenverlauf sieht.

Als Vertreter der ersten Gruppe ist vor allem R i e b e s e l l[31] zu erwähnen, der den Brandschadenverlauf in erster Linie von der Wetterlage bestimmt sieht. Die gleiche Ansicht vertritt M o l d e n h a u e r[32]. L o r e n z[33] findet eine Abhängigkeit des Feuerschadenverlaufs von der Niederschlagshöhe.

Die Mehrzahl der Autoren stellt allerdings einen Zusammenhang zwischen Konjunkturablauf und der Höhe der Feuerschäden fest. Bereits 1915 ermittelte E c k e r[34] für die Jahre 1881 bis 1912, daß die durch Brand vernichtete Roggenmenge sich in dem Maße erhöhte (verminderte), wie der Roggenpreis sank (stieg). G e r b o t h[35] will erkennen, daß sich die Höhe der Brandschäden umgekehrt proportional zur Höhe des Diskontsatzes und zur Anzahl der Konkurseröffnungen verhält. Für die landwirtschaftliche Feuerversicherung wählt er die Zahl der Zwangsversteigerungen als Bezugsgröße. Derselben Auffassung ist J u l i e r[36]. Auch H e r r m a n n s d o r f e r[37] und D o m i z l a f f[38] erkennen den Einfluß der Konjunktur auf den Schadenverlauf an. „Es ist die Konjunktur, die das moralische Risiko bald zum Bösen, bald zum Guten wendet", schreibt S c h m i t t[39], und auch H e n n e[40] führt bei der Erläuterung des subjektiven Risikos „die anhaltend ungünstige Konjunktur" an. Ferner ist M a h r[41] zu erwähnen, der einen Zusammenhang zwischen Konjunktur und Feuerschäden bejaht, und R e i n h a r d t, der für die Jahre 1920 bis 1923 eine Abhängigkeit des

---

[31] R i e b e s e l l : Konjunktur und Feuerschaden, a.a.O.

[32] M o l d e n h a u e r : Zitiert nach R i e b e s e l l : Konjunktur und Feuerschaden, in Deutsche öffentlich-rechtliche Versicherung, 1936, S. 277.

[33] L o r e n z : Feuerschäden, Niederschlagshöhe und Konjunktur, a.a.O., S. 67.

[34] E c k e r : Der Brandschaden an der landwirtschaftlichen Produktion, a.a.O., S. 267.

[35] G e r b o t h : Der Brandschadenverlauf im Jahre 1932, a.a.O., S. 314.

[36] J u l i e r : Wirtschaftslage, Brandstiftung und Bandversicherungsbetrug, a.a.O., S. 818.

[37] H e r r m a n n s d o r f e r : Versicherungswesen, S. 101.

[38] D o m i z l a f f : Feuerversicherung, S. 128.

[39] S c h m i t t : Versicherungsvertrag, a.a.O., S. 1095.

[40] H e n n e : Einführung in die Beurteilung von Gefahren . . ., S. 11.

[41] M a h r : Die Konjunkturabhängigkeit der Feuerversicherung, a.a.O., S. 43 ff.

Brandschadenverlaufes von dem Kurswert der Reichsmark an der Berliner Börse feststellte[42]. Daraus folgert er, daß sich die Höhe der Brandschäden mit dem Geldwert verändert. S c h m e r l e r[43], dessen Untersuchung oben bereits erwähnt wurde, kommt zu dem Ergebnis, daß „die Bewegung der allgemeinen Brandkurve vor allem von wirtschaftlichen Umständen abhängt. Das Steigen und Fallen der Brandzahlen hängt unverkennbar mit dem wechselnden Wertverhältnis zwischen Ware und Geld und mit der Möglichkeit, Ersatz zu beschaffen, zusammen". Schließlich schreibt B r ü c k n e r[44]: „Es zeigt sich, daß dem subjektiven Verhalten der Versicherungsnehmer im Konjunkturablauf eine nicht unerhebliche Bedeutung für den Schadenverlauf in der Feuerversicherung zukommt." Dabei will B r ü c k n e r unter subjektivem Verhalten sowohl die Brandstiftung als auch das mehr passive subjektive Verhalten der Branduldung verstanden wissen. Bei einigen der erwähnten Abhandlungen scheint das gewünschte Ergebnis nicht ohne Einfluß auf die Art der Betrachtungsweise gewesen zu sein. Bereits bei der Wahl der Kriterien für die Konjunktur, der sogenannten Konjunkturbarometer, entstehen Zweifel. Es stehen der Diskontsatz, das Preisniveau, die Zahl der Konkurse, das Sozialprodukt und andere wirtschaftliche Daten zur Verfügung. Jede dieser Größen ist ein, wenn auch meist unvollkommener Ausdruck der bestehenden Konjunkturlage. Weitere Probleme tauchen bei der Betrachtung der Brandschadenkurve auf. Der allgemeine Trend, nach dem sich der Gesamtbestand an Versicherungsverträgen entwickelt, muß ausgeschaltet werden. Im Interesse größter Genauigkeit muß der Schadenverlauf von folgenden weiteren Einflußgrößen bereinigt werden: Groß- und Katastrophenschäden[45], Schäden durch elementare Ereignisse (Blitzschlag) und Preisveränderungen. Diese Faktoren zu eliminieren – und das wäre erforderlich, um die Abhängigkeit der Brandstiftungskriminalität von der Konjunkturlage zu erkennen – ist unmöglich. Die dazu erforderlichen statistischen Unterlagen sind nicht vorhanden.

Wegen dieser Schwierigkeiten stelle ich im folgenden theoretisch dar, welche Gründe für und gegen eine positive oder negative Abhängigkeit des Brandschadenverlaufs von der Konjunkturlage infolge Zunahme oder Abnahme der Brandstiftungskriminalität sprechen. Unter Konjunktur im Sinne dieser Erörterungen sollen die ohne Regelmäßigkeit wiederkehrenden Schwankungen innerhalb der Volkswirtschaft verstanden sein, in deren Verlauf sich einzel- und gesamtwirtschaftliche Daten verändern.

---
[42] R e i n h a r d t : Der Brandversicherungsbetrug, a.a.O., S. 68.
[43] S c h m e r l e r : Die Brandstiftungskriminalität . . ., S. 35.
[44] B r ü c k n e r : Die Ursachen . . . a.a.O., S. 176. Die Untersuchungen B r ü c k n e r s beziehen sich auf den Schadenverlauf in der Feuerversicherung außerdeutscher Länder.
[45] Gedacht ist an Schäden von der Art des Explosionsschadens im Werk der Badischen Anilin- und Sodafabrik am 28. 7. 1948 in Ludwigshafen/Rhein. Solche Großschäden können den gesamten Schadenverlauf erheblich beeinflussen.

Mit dem Abschluß eines Feuerversicherungsvertrages übernimmt der Versicherer ein objektives und ein subjektives Risiko. Die Größe des objektiven Risikos wird durch die sachliche Beschaffenheit des zu versichernden Objektes bestimmt; das subjektive Wagnis liegt in der Person des Versicherungsnehmers begründet. Es interessiert im Rahmen dieser Arbeit, wie die im Konjunkturablauf sich ändernden wirtschaftlichen Daten das subjektive Risiko, die Neigung zur betrügerischen Brandstiftung und damit den gesamten Schadenverlauf beeinflussen. Die Untersuchung wird für die landwirtschaftliche und die industrielle Feuerversicherung wegen der grundlegend verschiedenen Verhältnisse getrennt durchgeführt.

In der landwirtschaftlichen Feuerversicherung ist eine vielleicht vorhandene Neigung des Versicherungsnehmers, die versicherten Gegenstände vorsätzlich in Brand zu setzen oder einen ohne sein Zutun entstandenen Brand zu dulden oder zu vergrößern, einer der zahlreichen Faktoren, die den Umfang des subjektiven Risikos bestimmen. Zu den subjektiven Gefahren gehört weiterhin eine vielleicht vorhandene nachlässige Einstellung des Versicherten zu Brandverhütungs- und Vorbeugungsmaßnahmen.

Der Umschwung von der Hochkonjunktur zur Krise verschlechtert die wirtschaftliche Lage der Landwirtschaft nachhaltig. Infolge des allgemein sinkenden Preisniveaus und der schlechten Absatzlage haben die Landwirte geringe Einnahmen. Die an und für sich schon hohe Verschuldung der Bauern nimmt zu; da der Geldwert steigt, können die Zinsen nur noch mit Schwierigkeiten bezahlt werden. Die Gläubiger kündigen Darlehen, da sie selbst die wertvoll gewordenen liquiden Mittel benötigen. Unter solchen Umständen besteht die Gefahr, daß die in ländlichen Gegenden ohnehin häufig anzutreffende Nachlässigkeit in bezug auf Feuersgefahr umschlägt in den Wunschgedanken, daß es im Augenblick keine bessere Lösung der wirtschaftlichen Schwierigkeiten gäbe als einen Brand, der aufgrund der abgeschlossenen Feuerversicherung Gegenstände zu Geld macht, die sonst nicht oder nur mit großen Verlusten liquidierbar gewesen wären. Von solchen Gedanken ist es zu einer betrügerischen Brandstiftung nur noch ein kleiner Schritt. – Einen weiteren Anreiz zum Versicherungsbetrug bildet die in einer Depression meist entstehende Überversicherung; die Versicherungssumme wurde dem allgemeinen Preisverfall nicht angepaßt. Dadurch steigt die „Rentabilität des Versicherungsbetruges"[46].

Außer dem subjektiven Risiko verschlechtert sich in der Depression in der Regel auch das objektive Risiko, da wegen des herrschenden Geldmangels die versicherten Gebäude und deren Einrichtungen vernachlässigt werden.

Es kann deshalb gesagt werden, daß sich im Bereich der landwirtschaftlichen Feuerversicherung im Zeitpunkt einer wirtschaftlichen Krise, die

---

[46] Grassberger: Die Brandlegungskriminalität ..., S. 62.

sich durch einen erhöhten Geldwert (Deflation) auszeichnet, der Brandschadenverlauf mit hoher Wahrscheinlichkeit verschlechtert, in erster Linie wegen einer erhöhten Brandstiftungskriminalität. Da sich im Verlauf einer Hochkonjunktur, die in der Regel von einem sinkenden Geldwert (Inflation) begleitet ist, die wirtschaftlichen Daten – cum grano salis – in entgegengesetzter Weise verändern, ist in dieser Konjunktursituation eine Abnahme der Zahl der betrügerischen Brandstiftungen und damit eine Verbesserung des Schadenverlaufs zu erwarten.

Diese für den Bereich der landwirtschaftlichen Feuerversicherung geltenden Gesetzmäßigkeiten haben auch im Bereich der Feuerversicherung von Handwerks- und Handelsbetrieben Gültigkeit.

Völlig verschieden hiervon sind die Verhältnisse in der industriellen Feuerversicherung. Die Gefahr der betrügerischen Brandstiftung, wie überhaupt das subjektive Risiko, spielen eine vergleichsweise geringe Rolle. Eine Fabrik läßt sich nicht wie ein landwirtschaftliches Anwesen mit einfachen Mitteln in Brand setzen. Darüber hinaus wird der Versicherungsbetrüger persönlich nur in wenigen Fällen einen Nutzen aus seiner Tat ziehen können, da ein großer Teil der industriellen Unternehmen in der Rechtsform der Kapitalgesellschaft besteht. Aus dem Gesagten ergibt sich, daß sich das subjektive Risiko hier weniger stark verändert als im Bereich der landwirtschaftlichen Feuerversicherung.

Dagegen wird im Bereich der industriellen Feuerversicherung der Umfang des objektiven Risikos von der Konjunkturlage stark beeinflußt. Für die Hochkonjunktur gilt, daß „hoher Beschäftigungsgrad, gesteigertes Arbeitstempo von Mensch und Maschine, große Warenvorräte die Brandgefahr erhöhen"[47]. Bei Beschäftigungsrückgang in der Krise werden dagegen die schlechtesten Produktionsfaktoren (untaugliche Arbeitskräfte, alte Maschinen) zuerst ausgeschieden, so daß das objektive Risiko verbessert wird.

Die theoretische Untersuchung ergibt, daß mit hoher Wahrscheinlichkeit im Bereich der Feuerversicherung von landwirtschaftlichen und kleingewerblichen Betrieben sowie von Handelsgeschäften ein Zusammenhang zwischen der Zahl der in betrügerischer Absicht begangenen Brandstiftungen und der Konjunkturlage besteht, und zwar in der Weise, daß die Kriminalität im Zeitpunkt der Depression zunimmt, im Zeitpunkt der Hochkonjunktur abnimmt. Die Einflüsse der Konjunkturlage vollziehen sich im wesentlichen über eine Verschlechterung (Verbesserung) des subjektiven Risikos. Sie sind in der Lage, starke Schwankungen im gesamten Brandschadenverlauf herbeizuführen. – Daneben übt die Konjunkturlage in sämtlichen Bereichen der Feuerversicherung weitere Einflüsse auf den

---

[47] B r a e ß : Gegenwartsfragen der deutschen Feuerversicherung, a.a.O., S. 248.

Brandschadenverlauf aus, die auf Veränderungen des objektiven Risikos beruhen. Sie sind im Rahmen dieser Arbeit nicht weiter zu untersuchen.

Das Ausmaß der **Brandstiftungskriminalität** — und das ist die zweite relative Häufigkeit, die untersucht werden soll, — **ist in städtischen und ländlichen Gebieten verschieden groß.** Die überwiegende Zahl der betrügerischen Brandstiftungen wird in ländlichen Gemeinden verübt. J u l i e r[48] weist an Hand von Zahlen der Bayerischen Versicherungskammer aus den Jahren 1913 bis 1939 nach, daß sich von 5474 vorsätzlichen Brandstiftungsfällen 5092 (= 93%) auf dem Land ereigneten[49]. J e r r e n t r u p[50] ermittelte, daß 77,8% aller vorsätzlich begangenen Brandstiftungen in Orten bis zu 3000 Einwohnern begangen wurden[51]. Der Grund für diese vorwiegend ländliche Kriminalität besteht darin, daß die Voraussetzungen für eine erfolgreiche Brandstiftung und den daran anschließenden Versicherungsbetrug in ländlichen Gemeinden sehr viel günstiger sind als in der Stadt; leicht brennbare Gegenstände, wie Stroh, Heu und Holz sind in großen Mengen vorhanden, die Gebäude sind weniger massiv erbaut, die Feuerwehr ist häufig mangelhaft ausgerüstet und kommt in vielen Fällen zu spät zur Brandstelle. Schließlich ist die Gefahr, daß das Verbrechen entdeckt wird, gering, da der Brandort wegen der größeren räumlichen Entfernungen oft erst nach Stunden von der Polizei besichtigt werden kann; in der Zwischenzeit hat der Täter die Spuren seiner Tat beseitigt.

Schließlich ist noch eine **Abhängigkeit** der Anzahl der betrügerischen Brandstiftungen vom **Beruf** der Versicherten festzustellen. Den größten Anteil an den Versicherungsbetrügereien stellt die Berufsgruppe der Landwirte. Aus den Zahlenangaben von G r a s s b e r g e r[52], die erwiesene und vermutete Versicherungsbetrugsfälle umfassen, habe ich errechnet, daß in seinem Untersuchungsgebiet 49% aller betrügerischen Brandstifter Landwirte und 21% Handel- und Gewerbetreibende waren. Aus den Angaben von S c h m e r l e r[53] läßt sich ermitteln, daß in den von ihm untersuchten Fällen 36% der Brandstifter Landwirte, 37% Handwerker und Unternehmer und 20% Handeltreibende waren. Diese Relationen können ohne weiteres als repräsentativ für die Gesamtkriminalität der betrügerischen Brandstiftung angesehen werden.

---

[48] J u l i e r : Wirtschaftslage, Brandstiftung und Brandversicherungsbetrug, a.a.O., S. 818.
[49] Obwohl in diesen Zahlen auch solche Brandstiftungen enthalten sind, die nicht in der Absicht des Versicherungsbetruges begangen wurden, verlieren sie im vorliegenden Zusammenhang ihre Aussagekraft nicht.
[50] J e r r e n t r u p : Die Brandstiftung . . ., S. 48.
[51] Es gilt das in Fußnote [49] Gesagte.
[52] G r a s s b e r g e r : Die Brandlegungskriminalität . . ., S. 62.
[53] S c h m e r l e r : Die Brandstiftungskriminalität . . ., S. 67.

IV. Versicherungstechnische Bekämpfung

Wie bereits erläutert wurde, sollen unter der versicherungstechnischen Bekämpfung des Versicherungsverbrechens alle Maßnahmen verstanden sein, die die Versicherungswirtschaft von sich aus treffen kann. Sie lassen sich in folgende Gruppen einteilen: Gestaltung der Versicherungsbedingungen (Bedingungswerk), Maßnahmen bei der büromäßigen Bearbeitung der Versicherungsverträge sowohl im Zeitpunkt des Vertragsabschlusses als auch im Schadenfall, Aufbau der Außenorganisation, insbesondere des Agentenwesens.

1. Das Bedingungswerk

Die betrügerische Brandstiftung wird mit Hilfe der Versicherungsbedingungen in der Weise bekämpft, daß durch einzelne Vertragsbestimmungen der Anreiz zum Verbrechen genommen oder vermindert wird. Von diesen vertraglichen Bestimmungen ist an erster Stelle der § 16 der von allen deutschen Versicherern verwendeten AFB.[54] zu nennen; danach ist der Versicherer unter anderem dann von der Verpflichtung zur Leistung befreit, wenn der Versicherungsnehmer das Schadenereignis vorsätzlich herbeigeführt hat. Der erste Halbsatz des § 16 AFB. entspricht der Vorschrift des § 61 VVG. Mit einer Brandstiftung ist für den Betrüger das Wagnis verbunden, daß der Versicherer die Leistung aus dem Vertrag verweigert, ein Umstand, der geeignet ist, den Anreiz zum Versicherungsbetrug zu mindern.

Auch die Bestimmungen über die Obliegenheiten des Versicherungsnehmers im Schadenfall (§ 13 AFB.) und über die Rechtsfolgen einer Obliegenheitsverletzung dienen der Bekämpfung der Brandstiftung. Die Leistungsfreiheit des Versicherers ergibt sich nämlich bereits, wenn der Versicherungsnehmer vorsätzlich oder grobfahrlässig seine Anzeige-, Schadenminderungs- oder Auskunftspflicht verletzt. Das ist im Verlauf einer betrügerischen Brandstiftung regelmäßig der Fall. Da erfahrungsgemäß eine solche Obliegenheitsverletzung leichter nachzuweisen ist, als das Verbrechen selbst, muß der Täter damit rechnen, daß er die Versicherungsleistung nicht erhält, selbst wenn er der Brandstiftung nicht überführt werden kann.

In der Gebäudefeuerversicherung wird häufig durch die Wiederherstellungs- oder Wiederaufbauklausel[55] vertraglich vereinbart,

---

[54] § 16 AFB. lautet: „Wenn der Versicherungsnehmer den Schaden vorsätzlich oder grobfahrlässig herbeiführt oder sich bei den Verhandlungen über die Ermittlung der Entschädigung einer arglistigen Täuschung schuldig macht, so ist der Versicherer dem Versicherungsnehmer gegenüber von jeder Entschädigungspflicht aus diesem Schadenfalle frei".
[55] Klausel 5.04 des Handbuches der Feuerversicherung, herausgegeben vom Verband der Sachversicherer e. V., Köln.

daß Teile der Entschädigung nur dann ausgezahlt werden, wenn diese dazu verwendet wird, das abgebrannte Gebäude an Ort und Stelle durch einen Neubau zu ersetzen. Durch diese Klausel soll verhindert werden, daß der Versicherungsnehmer den Entschädigungsbetrag dazu verwendet, Schulden zu bezahlen, persönliche Anschaffungen zu machen oder einen Rationalisierungseffekt zu erzielen, wenn beispielsweise durch eine Verschlechterung des regionalen oder lokalen Standortes Wirtschaftlichkeit und Rentabilität seines Unternehmens herabgesetzt wurden.

Die Wiederherstellungsklausel kann den Anreiz zur Brandstiftung nicht beseitigen, wenn die Gefahr besteht, daß der Versicherungsnehmer ein altes Gebäude in Brand setzt, um mit dem Entschädigungsbetrag ein neues, modernes Haus zu bauen. Im Interesse einer Verbrechensbekämpfung muß daher bei der Versicherung alter, unmoderner oder gar baufälliger Objekte gegen Feuerschäden eine Franchise, eine Selbstbeteiligung des Versicherungsnehmers an jedem Schaden, vereinbart werden. Diese Selbstbeteiligung, die oft mit dem falschen Ausdruck „Selbstversicherung" bezeichnet wird, soll den Versicherungsnehmer veranlassen, für die Erhaltung des versicherten Objektes Sorge zu tragen, denn nun bedeutet jeder Schadenfall für ihn einen wirtschaftlichen Verlust. Die Selbstbeteiligung wirkt wie eine Unterversicherung. Für diese darf – und das muß ebenfalls in den Versicherungsbedingungen enthalten sein – bei keiner anderen Gesellschaft Versicherungsschutz genommen werden.

Die Neuwertversicherung stellt einen erheblichen Anreiz zum Versicherungsbetrug dar, da der Versicherte im Schadenfall nicht den Wert der tatsächlich verbrannten Gegenstände, sondern den gleichartiger neuer Sachen ersetzt erhält. Die Möglichkeiten zur Bekämpfung des Brandversicherungsbetruges umfassen deshalb auch eine zweckmäßige Einschränkung der Neuwertversicherung dort, wo vorwiegend alte und minderwertige Sachen versichert werden. Die Versicherer bedienen sich bereits dieses Mittels, indem sie bei zahlreichen Neuwertversicherungen die sogenannte Neuwertstaffel vereinbaren. Nach dieser Klausel wird ein Schaden statt mit dem vollen Neuwert nur mit einem Betrage entschädigt, der zwischen dem Neuwert und dem Zeitwert der versicherten Sache liegt. Beträgt beispielsweise der Zeitwert 80% (70%, 60%, 50%) des Neuwerts, so beträgt die Entschädigung bei einem Totalschaden 99,5% (94,5%, 89%, 79%) des Neuwerts. Ist der Zeitwert niedriger als 40% des Neuwerts, so wird nur der Zeitwert ersetzt, obwohl die Versicherung zum Neuwert besteht.[56] Durch die Vereinbarung der Neuwertstaffel wird der Anreiz zum Versicherungsbetrug vermindert, da dem Betrüger nicht der volle Neuwert der verbrannten Sachen, sondern nur ein Bruchteil dieses Wertes ersetzt wird.

---

[56] Gemäß den Sonderbedingungen für die Neuwertversicherung industrieller Anlagen, herausgegeben vom Verband der Sachversicherer e. V., Köln.

Bei der Feuerversicherung landwirtschaftlicher und industrieller Risiken fordert der Versicherer in der Regel die Einhaltung zahlreicher S i c h e r -
h e i t s v o r s c h r i f t e n. Wenn auch diese Maßnahme in erster Linie der Bekämpfung der fahrlässigen Brandstiftung dient, so kann sie doch auch den Erfolg eines Versicherungsbetruges in Frage stellen und dadurch den Anreiz zum Verbrechen vermindern. Ein Verstoß gegen die Sicherheitsvorschriften, der mit einer betrügerischen Brandstiftung regelmäßig verbunden ist, kann nämlich die Leistungsfreiheit des Versicherers herbeiführen.[57]

In letzter Zeit wurde vielfach erörtert, ob ein B o n u s o d e r eine R ü c k v e r g ü t u n g für den Fall des schadenfreien Verlaufs einer Feuerversicherung die Häufigkeit des Brandversicherungsbetruges herabsetzen könnte. Ich glaube nicht an den Erfolg eines solchen Verfahrens. Der dem Versicherungsnehmer in Aussicht gestellte Betrag, der seiner Natur nach verhältnismäßig gering ist, kann den Betrüger von seiner Tat nicht abhalten; hofft er doch, dadurch eine Entschädigung zu erhalten, die die vom Versicherer versprochene Vergütung bei weitem übertrifft. Die Wirkung eines Bonus für schadenfrei gebliebene Versicherungen besteht nur darin, daß die Anzahl der gemeldeten Klein- oder Bagatellschäden abnimmt.

2. Die büromäßige Bearbeitung der Verträge

Durch eine geeignete büromäßige Bearbeitung der Versicherungsverträge kann die betrügerische Brandstiftung wirksam bekämpft werden. Insbesondere bei der Bearbeitung der Versicherungsanträge, die damit endet, daß der Versicherungsschein ausgestellt und dem Antragsteller zur Einlösung vorgelegt wird, bietet sich eine Reihe von Möglichkeiten, eine Betrugsabsicht des Antragstellers zu erkennen oder den Anreiz zum Betrug zu beseitigen.

Von besonderer Wichtigkeit ist die P r ü f u n g d e s s u b j e k t i v e n
R i s i k o s. Nach H e n n e[58] werden die subjektiven Verhältnisse eines Risikos unter anderem bestimmt durch den Charakter und den Ruf der Person, die eine Versicherung abschließt, durch ihre wirtschaftlichen Verhältnisse und durch das Interesse, das die betreffende Person ungeachtet der bestehenden Feuerversicherung an der Wahrung ihres Besitzes vor Feuerschäden aufbringt. H e n n e nennt als weitere Bestimmungsgründe für das subjektive Risiko Leichtsinn und Sorglosigkeit in bezug auf Feuersgefahr, Verständnislosigkeit gegenüber Sicherheits- und Vorbeugungsmaßnahmen, Unverträglichkeit, Streitsucht und Geiz. Grundsätzlich ist der Umfang des subjektiven Risikos also durch den Charakter und die moralischen Qualitäten des Versicherten bestimmt[59]; seine Determinanten lassen

---
[57] Vergleiche § 7 AFB.
[58] H e n n e : Einführung in die Beurteilung der Gefahren ..., S. 12.
[59] Der Ausdruck „moralisches Risiko", der aus den angelsächsischen Ländern kommt, wo das subjektive Risiko im Gegensatz zum „physical hazard" als „moral hazard" bezeichnet wird, trifft diesen Sachverhalt meines Erachtens besser. Vergleiche C a m p b e l l : Insurance and Crime, S. 135.

sich zusammenfassend folgendermaßen katalogisieren: Gleichgültigkeit, Fahrlässigkeit, bedingter Vorsatz, direkter Vorsatz.

Das moralische Risiko kann bei Antragstellung in der Weise festgestellt und überprüft werden, daß der örtliche Vertreter der Gesellschaft, der den Versicherungsabschluß vermittelt hat und der im allgemeinen mit den persönlichen Verhältnissen des Antragstellers vertraut ist, die das moralische Risiko bestimmenden Umstände ermittelt und der Gesellschaft mitteilt. Beim Abschluß großer Versicherungen kann es sogar zweckmäßig sein, mit dieser Aufgabe einen besonders dazu geeigneten Mitarbeiter zu beauftragen oder bei einer Handelsauskunftei eine Auskunft über die die Versicherung beantragende Person oder Unternehmung einzuholen, sofern diese nicht über jeden Zweifel erhaben ist.

Häufig kann auch die Gesellschaft, bei der das Risiko bisher versichert war, wertvolle Auskünfte darüber geben, wie sich die Beziehungen zwischen den Vertragspartnern gestaltet haben und ob der Versicherte in Schadenfällen irgendwelche Betrugsabsichten erkennen ließ. Eine Anfrage bei der sogenannten vorbesitzenden Gesellschaft, die der Antragsteller ohnehin angeben muß, ist deshalb stets zu empfehlen.

In einigen Versicherungszweigen, in denen das subjektive Risiko besonders bedeutend ist (Einbruchdiebstahl- und Unfallversicherung), hat sich die deutsche Versicherungswirtschaft einen Auskunftsdienst eingerichtet. Über den Gesamtverband der Versicherungswirtschaft e. V., Köln, wird von Zeit zu Zeit an die Mitgliedsunternehmen eine Art „schwarzer Listen" verschickt. Vor Versicherungsabschlüssen mit den in der Liste aufgeführten Personen wird gewarnt, da diese bereits irgendwelche Versicherungsbetrügereien begangen haben oder solcher zumindest verdächtig sind. Wenn auch die Einrichtung eines solchen Auskunftsdienstes im Bereich der Feuerversicherung eine ungeheure Verwaltungsarbeit mit sich brächte, so glaube ich doch angesichts der Beträge, die an Versicherungsbetrüger ausgezahlt werden, daß ein solches Verfahren wirtschaftlich zu vertreten wäre.

Der Angestellte, der im Büro des Versicherers die Versicherungsanträge bearbeitet, hat neben dem subjektiven auch das objektive Risiko genau zu prüfen, denn in der sachlichen Beschaffenheit des versicherten Objektes ist oft der Anlaß zu einer betrügerischen Brandstiftung gegeben. Anträge auf Feuerversicherung alter, unmoderner, den Bedürfnissen des Antragstellers nicht entsprechender, baufälliger und abbruchreifer Gebäude müssen abgelehnt werden. Darüber hinaus sollte Versicherungsschutz nur für solche Objekte gewährt werden, die in feuertechnischer Hinsicht einwandfrei sind. Nelken[60] schlägt in diesem Zusammenhang vor, eine

---
[60] Nelken: Verbrechen und Versicherung, S. 15.

neutrale Prüfungsstelle einzurichten, die vor Abschluß einer Versicherung ein Gutachten darüber abgibt, ob das betreffende Objekt überhaupt versicherungsfähig ist. Ich halte dieses Verfahren für unwirtschaftlich; bei der Vielzahl von Feuerversicherungen der sogenannten einfachen Gefahr stehen die Kosten und der erzielbare Erfolg einer solchen Organisation in keinem Verhältnis. Beim Abschluß bedeutenderer Versicherungen von landwirtschaftlichen oder industriellen Objekten wird in der Regel ohnehin ein Mitarbeiter der Gesellschaft beauftragt, die zu versichernden Gebäude und Mobilien zu besichtigen.

Zur Prüfung des objektiven Risikos gehört auch die Auswahl der allgemeinen und besonderen Bedingungen und Klauseln, die dem Vertrag zugrunde gelegt werden sollen. Welche Bedingungen im Einzelfall dazu dienen können, das Versicherungsverbrechen zu bekämpfen, habe ich oben dargelegt.

Da das Bestehen einer Überversicherung zweifellos einen der größten Anreize zur betrügerischen Brandstiftung bildet, ist es eines der vorzüglichsten Mittel der versicherungstechnischen Bekämpfung, darauf zu achten, daß nur angemessene Summen versichert werden. Grassberger[61] unterscheidet zwei Arten der Überversicherung, eine absolute Überversicherung, die vorliegt, wenn die Versicherungssumme den absoluten Wert — gemeint ist der Zeit-, Markt- oder Tageswert — der versicherten Gegenstände übersteigt, und eine relative Überversicherung, die gegeben ist, wenn die Versicherungssumme größer ist als das Interesse des Versicherungsnehmers an der Erhaltung der versicherten Gegenstände; dieses Interesse wird durch die subjektive Wertschätzung des Versicherten bestimmt. Der Versicherer kann im allgemeinen das Interesse des Versicherungsnehmers an den Versicherungsobjekten nicht kennenlernen. Er muß sich darauf beschränken, dafür zu sorgen, daß die Versicherungssumme den absoluten Wert nicht übersteigt. Dieser Mangel macht es unmöglich, in jedem Falle den Anreiz zur betrügerischen Brandstiftung zu beseitigen.

Der Kampf gegen die betrügerische Überversicherung kann auf verschiedene Weise geführt werden. Zunächst sind bereits die §§ 55 VVG.[62] und 10 AFB. vorzüglich dazu geeignet, den Abschluß einer Überversicherung für den Versicherungsnehmer uninteressant zu machen; erhält er doch trotz überhöhter Versicherungssumme und dem damit verbundenen Opfer an Prämie nur den wirklichen Schaden ersetzt.

---

[61] Grassberger: Die Brandlegungskriminalität ..., S. 209.
[62] § 55 VVG. lautet: „Der Versicherer ist, auch wenn die Versicherungssumme höher ist als der Versicherungswert zur Zeit des Eintritts des Versicherungsfalles, nicht verpflichtet, dem Versicherungsnehmer mehr als den Betrag des Schadens zu ersetzen".

Eine weitere Möglichkeit könnte durch ein allgemeines gesetzliches Verbot und, wie B a b s t ü b e r[63] vorschlägt, durch eine strafrechtliche Verfolgung der Überversicherung gefunden werden. Eine solche Maßnahme ist jedoch meines Erachtens nicht durchführbar, da es dem Versicherten oft unmöglich ist, eine Überversicherung zu vermeiden. So kann es einer Unternehmung, die in ihrem Betrieb Vorräte hält, die in Menge und Wert stark schwanken, nicht zugemutet werden, die Versicherungssumme dem ständig schwankenden Versicherungswert anzupassen. Diese Unternehmung wird vielmehr beim Abschluß einer Feuerversicherung eine reichlich bemessene Versicherungssumme wählen, um nicht Gefahr zu laufen, bei Eintritt eines Schadenfalles unterversichert zu sein.

Im übrigen hat die Versicherungswirtschaft durch die Versicherung mit der Wertzuschlagsklausel[64] und die Stichtagsversicherung für Vorräte[65] Vertragsformen geschaffen, die dem Bedürfnis der Betriebe entsprechen, welche sich im Wert verändernde Objekte zu versichern wünschen.

Ein Sonderproblem ergibt sich im Bereich der landwirtschaftlichen Feuerversicherung. Gemäß § 4,2 der Zusatzbedingungen für landwirtschaftliche Versicherungen ist der Versicherungsnehmer verpflichtet, die gesamten Erntevorräte mit dem vollen Wert für die Zeit des ganzen Erntejahres zu versichern. Dieses Verfahren muß temporär zu einer erheblichen Überversicherung führen, wenn durch Verbrauch oder Verkauf die Erntevorräte vermindert wurden. Diese Überversicherung in Verbindung mit der im Bereich der Landwirtschaft fast immer anzutreffenden Unkenntnis über die Technik dieser Art von Versicherungsverträgen bewirkt einen erheblichen Anreiz zum Versicherungsbetrug. Leere Scheunen, eine für die vorhandenen Werte zu hohe Versicherungssumme – das Zusammentreffen dieser Umstände kann den Gedanken an eine betrügerische Brandstiftung fördern; der Anreiz wird dadurch verstärkt, daß in den Monaten, in denen die Überversicherung gewöhnlich eintritt (Frühjahrs- und Sommermonate), die finanzielle Lage der Landwirte ihren jährlichen Tiefpunkt erreicht. – Die oben erwähnte Vorschrift erleichtert die Prämienkalkulation des Versicherers und bewirkt eine einfache Handhabung der landwirtschaftlichen Feuerversicherung sowohl für den Versicherer als auch für den Versicherungsnehmer. Ob diese Vorteile den Anreiz zum Betrug ausgleichen, läßt sich nicht entscheiden, da beide Größen nicht konkretisiert werden können. Aus diesem Grund fällt es auch schwer, einen konstruktiven Vorschlag zur Verbesserung der landwirtschaftlichen Feuerversicherung zu machen.

---

[63] B a b s t ü b e r : Die Überversicherung, a.a.O., S. 66 ff.
[64] Klauseln 6.02 und 6.03 des Handbuches der Feuerversicherung, herausgegeben vom Verband der Sachversicherer e. V., Köln.
[65] Klausel 5.01 des Handbuches der Feuerversicherung, herausgegeben vom Verband der Sachversicherer e. V., Köln.

Das Zustandekommen einer betrügerischen Überversicherung wird vermieden, wenn die Versicherungssumme aufgrund der Taxe eines Sachverständigen festgelegt wird. Dieses Verfahren wird von den meisten öffentlich-rechtlichen Versicherungsanstalten angewandt, die auf dem Gebiet der Feuerversicherung als Zwangs- oder Monopolanstalten arbeiten. Es erscheint jedoch zweifelhaft, ob in der freien Vertragsversicherung ein solches Schätzverfahren eingeführt werden kann; der einzelne Versicherte wird es wahrscheinlich ablehnen, die Kosten für einen privaten oder öffentlichen Sachverständigen zu übernehmen.

Der traditionelle Weg, gegen den Abschluß von Überversicherungen hinzuwirken, besteht darin, daß der vermittelnde Versicherungsvertreter bei Vertragsabschluß die zu versichernden Gegenstände besichtigt und dabei die Angemessenheit der Versicherungssumme überprüft. Daß diese Methode Mängel hat, werde ich unten darstellen.

Der Versicherer muß zu erfahren suchen, ob der Antragsteller bei anderen Gesellschaften gleichartigen Versicherungsschutz beantragt hat, damit nicht eine Überversicherung in Form einer Doppel- oder Mehrfachversicherung zustande kommt. Die Prüfung der entsprechenden Antragsfragen ist deshalb eine wichtige Aufgabe des zuständigen Sachbearbeiters.

Nicht nur die Art und Weise, wie die Versicherungsanträge bearbeitet werden, sondern auch das Vorgehen des Versicherers bei der Schadenregulierung ermöglicht eine intensive Bekämpfung der betrügerischen Brandstiftung.

Die Gesellschaften sollten dazu übergehen, **kriminalistisch geschulte Mitarbeiter** zu beschäftigen, die in zweifelhaften Brandschäden einzugreifen haben. Diese Mitarbeiter, die das Versicherungsverbrechen in Form der Brandstiftung von der kriminalistischen und der versicherungstechnischen Seite her kennen, sollten am ehesten in der Lage sein, ein betrügerisches Verhalten des Versicherten zu erkennen.

Die **Zusammenarbeit der Brandschadenregulierer** mit der **Kriminalpolizei** läßt oft zu wünschen übrig und sollte im Interesse einer Bekämpfung des Versicherungsverbrechens aktiviert werden. Der örtliche Vertreter der Gesellschaft kennt in vielen Fällen die persönlichen Verhältnisse des Brandgeschädigten; er ist in der Lage, die sich aus den besonderen Umständen des Versicherungsverhältnisses ergebenden Indizien für eine Brandstiftung zu erkennen.

Im übrigen hat der redliche Versicherungsnehmer stets Interesse daran, daß die näheren Umstände des Brandereignisses, insbesondere die Brandursache aufgeklärt werden, um Maßnahmen gegen eine mögliche Wiederholung zu ergreifen. Das häufig vorgebrachte Argument, die Zusammenarbeit zwischen Schadenregulierern und Beamten der Kriminalpolizei könne – weil sie ein Mißtrauen des Versicherers gegenüber den Angaben des Brandbetroffenen darstelle – diesen und andere Kunden der Gesellschaft verärgern und dadurch die Geschäftstätigkeit behindern, trifft also nicht zu.⁶⁶

Die richtige Auswahl der im Schadenfall hinzuzuziehenden S a c h v e r - s t ä n d i g e n ist ein weiterer Ansatzpunkt für die Bekämpfung des Versicherungsbetruges. Dilettanten und Sachverständige, die den Versicherten begünstigen, tragen häufig dazu bei, daß der betrügerische Plan des Versicherungsnehmers in vollem Umfang gelingt. Der Versicherer muß sich besonders davor hüten, solche Sachverständige zu beauftragen, die ihr Honorar – ähnlich wie Rechtsanwälte in Haftpflichtprozessen – nach der Höhe des entstandenen Schadens berechnen; diese Sachverständigen neigen aus naheliegenden Gründen dazu, überhöhte Schadensbeträge zu errechnen.

Durch eine zu große K u l a n z von seiten der Versicherer wird das Versicherungsverbrechen gefördert; wie S c h m i t t⁶⁷ schreibt, „untergraben Liberalitätsentschädigungen größeren Ausmaßes die Versicherungsmoral". Die Fälle sind nicht selten, in denen der Abschluß oder die Fortführung einer Versicherung durch eine „großzügige" Schadenregulierung erkauft wird, insbesondere, wenn es sich dabei um prominente Kunden oder umfangreiche Geschäftsbeziehungen handelt. N e l k e n⁶⁸ berichtet von folgendem Fall: In Ostpreußen brannte ein Bauernhof vollständig nieder. Dem Besitzer des Hofes konnte einwandfrei nachgewiesen werden, daß er den Brand in betrügerischer Absicht selbst gelegt hatte. Als die betroffene Versicherungsgesellschaft gegen den Brandstifter gerichtlich vorgehen wollte, erhielt sie von dessen landwirtschaftlichem Verein ein Schreiben, in dem sie aufgefordert wurde, einen großen Teil des Schadens zu vergüten, „da man den Mann nicht zugrunde gehen lassen dürfe". Die Gesellschaft erstattete daraufhin keine Anzeige und zahlte dem Betrüger eine ansehnliche Summe aus, da sie fürchtete, sonst alle Mitglieder des landwirtschaftlichen Vereins als Versicherungsnehmer zu verlieren. Daß das Verhalten der Gesellschaft bei allen diesen Versicherten den Gedanken nahelegte, ebenfalls einen Versicherungsbetrug zu begehen, liegt auf der Hand.

Leider begibt sich die Versicherungswirtschaft häufig eines der besten Mittel zur Bekämpfung des Versicherungsverbrechens, indem sie nicht in dem ihr möglichen Maß dafür sorgt, daß die Verbrecher ihrer Taten überführt werden. Der Verdacht, daß ein Brandschaden von dem Versicherten vorsätzlich herbeigeführt wurde, taucht in vielen Fällen zunächst bei dem Feuerversicherer des Brandgeschädigten auf. Trotz eines solchen Verdachtes leistet dieser – meist aufgrund eines mit dem Versicherten geschlossenen Vergleichs – eine Entschädigung, weil er den im Fall der Leistungs-

---
⁶⁶ Vergleiche B e e n k e n : Die öffentlich-rechtliche Feuerversicherung . . . . a.a.O., S. 36 f.
⁶⁷ S c h m i t t : Versicherungsvertrag, a.a.O., S. 1094.
⁶⁸ N e l k e n : Verbrechen und Versicherung, S. 60.

verweigerung vom Versicherten angestrengten Zivilprozeß fürchtet. Häufig unterläßt es der Versicherer sogar, der Polizei die ihm bekannt gewordenen Verdachtsmomente mitzuteilen; nur ganz selten erstattet er gegen den Versicherungsnehmer Anzeige.

Die Brandstiftung und der daran anschließende Versicherungsbetrug ist ein Verbrechen, das nachgeahmt wird. Ist einem Ortsbewohner ein Versicherungsbetrug geglückt, so dauert es in der Regel nicht lange, bis das nächste, gut versicherte Anwesen abbrennt. Wird dagegen ein Brandstifter seiner Tat überführt und ihretwegen hart bestraft, schrecken andere Versicherte, die ebenfalls einen Versicherungsbetrug geplant haben, vor ihrer Tat zurück. Aus diesem Grunde ist es zu hoffen, daß die Versicherungsgesellschaften in Zukunft mehr als bisher den ihr möglichen Teil an der Strafverfolgung der Brandstifter beitragen und nicht durch eine hier unangebrachte Kulanz den Versicherungsbetrug erst erfolgreich werden lassen.

3. Das Agentenwesen

Es ist unbestritten, daß in der deutschen Versicherungswirtschaft auf dem Gebiet des Agentenwesens noch manches im argen liegt. Die Ursachen für den Mißkredit, den der Versicherungsaußendienst in der breiten Öffentlichkeit genießt, können an dieser Stelle nicht erörtert werden. Das Verhalten eines Versicherungsvertreters bildet häufig einen Anreiz zum Versicherungsbetrug, so daß auf dem Gebiet des Agentenwesens zahlreiche Möglichkeiten gegeben sind, die betrügerische Brandstiftung zu bekämpfen.

Abgesehen von wenigen Ausnahmen, ist es in der deutschen Versicherungswirtschaft üblich, den Abschluß von Versicherungsverträgen mit Hilfe einer Vertreterorganisation zu betreiben. Über einen Vertragsabschluß oder über erforderliche Vertragsveränderungen wird im allgemeinen nicht zwischen den beiden Vertragsparteien direkt, sondern zwischen dem Versicherungsnehmer und einem Vertreter der Gesellschaft verhandelt. Dieser ist in vielen Fällen mit dem Kunden verwandt, befreundet, bekannt oder steht mit ihm in umfangreichen Geschäftsbeziehungen. Der Versicherungsnehmer ist es, der ihm zu einem Einkommen in Form der Provisionen verhilft. Unter diesen Umständen ist es verständlich, daß der Agent den Kunden begünstigt, soweit es ihm möglich ist, um ihn als solchen zu gewinnen oder zu erhalten. Der Vertreter stiftet zwar — von Ausnahmen abgesehen — den Versicherten weder zu einem Versicherungsbetrug an noch ist er ihm gar dabei behilflich, er steht aber fast immer auf seiten des Kunden, wenn dessen Interessen den Interessen des Versicherers entgegenstehen. Campbell[69] drückt diesen Sachverhalt folgendermaßen aus: „The effect of this system[70] is to make the agent the represen-

---

[69] Campbell: Insurance and Crime, S. 138.
[70] Gemeint ist die geschilderte Organisation der Versicherungswirtschaft.

tative of the insured rather than of the company". Es ist nicht möglich, diesen Übelstand völlig abzustellen, ohne die heute übliche Akquisitionsorganisation der Versicherungsgesellschaften von Grund auf umzugestalten.

Im Gegensatz zu dem Agenten, der unbewußt durch sein Verhalten den Versicherten zu betrügerischen Handlungen anregt, ist der eigentlich unredliche Vertreter, der dem Versicherungsnehmer bewußt zum Versicherungsverbrechen verhilft, zum Glück selten. Die Bestrebungen der Gesellschaften, solche betrügerischen Personen aus den Reihen ihrer Mitarbeiter auszuschalten, sind weitgehend geglückt. Im Interesse der Verbrechensbekämpfung muß auch in Zukunft bei der Anstellung von Agenten jede nur erdenkliche Sorgfalt angewandt werden. Daß ein Bewerber für die Stelle eines Versicherungsvertreters ein polizeiliches Führungszeugnis vorlegt, aus dem sich vorhandene Vorstrafen ergeben, ist heute selbstverständlich geworden. Die Versicherungswirtschaft ist über diese Vorsichtsmaßnahme hinausgegangen, indem sie die „Auskunftsstelle für den Versicherungsaußendienst e. V.", Hamburg (AVAD.) geschaffen hat, an die alle Fälle von betrügerischem Verhalten eines Vertreters gemeldet werden. Die Einrichtung der AVAD. soll verhindern, daß Mitarbeiter, die sich einmal unredlich verhalten haben, weiterhin im Versicherungsgewerbe tätig sein können.

Wie bereits erwähnt wurde, bildet das Vorliegen einer Überversicherung einen der Hauptanreize zur betrügerischen Brandstiftung. Die dargestellten Maßnahmen, mit denen gegen den Abschluß von Überversicherungen angegangen werden kann, bleiben Stückwerk, wenn nicht auch die auf dem Gebiet des Agentenwesens liegende Ursache für das Zustandekommen von Überversicherungen beseitigt wird. – Die Mehrzahl der Versicherungsvertreter erhält ihr Einkommen in Form von Provisionen, deren Höhe sich nach dem Umfang der Vertragsabschlüsse richtet. Aus diesem Grunde sind Agenten daran interessiert, möglichst hohe Versicherungssummen zu vereinbaren, selbst wenn diese die Versicherungswerte übersteigen. Darüber hinaus versuchen sie häufig, für versicherungsunwürdige Objekte bei den von ihnen vertretenen Gesellschaften Versicherungsschutz zu erhalten, wobei sich ein Teil der Vertreter nicht scheut, falsche Angaben über das zu versichernde Risiko zu machen, wenn die Gesellschaft den Antrag bei Kenntnis des wahren Sachverhalts ablehnen würde.

Das heute vorherrschende System der Vertreterentlohnung und die dadurch bedingten Verhaltensweisen der Agenten begünstigen zweifellos die Betrugskriminalität auf dem Gebiete des Versicherungswesens, so daß bei der Erörterung der versicherungstechnischen Verbrechensbekämpfung die Frage untersucht werden muß, ob nicht eine neue Form der Vertreterentlohnung erforderlich ist. Der Wunsch, möglichst viele und umfangreiche Verträge zu vermitteln, entfiele, wenn die Vertreter statt einer Provision ein festes Gehalt erhielten. Damit würde jedoch jeder Anreiz beseitigt werden, intensiv für den Abschluß von Versicherungen zu werben.

Die Versicherungswirtschaft hat in der Frage des Vertreterentgeltes eine Zwischenlösung gefunden, die mehr und mehr angewandt wird; diese Lösung stellt einen Kompromiß zwischen Festgehalt und Provision dar: Die Vertreter, insbesondere diejenigen, die mit den durch Vertragsabschlüsse verdienten Provisionen das Existenzminimum nicht erreichen würden, erhalten zwar eine Vergütung in Form der Provision; die Gesellschaft verpflichtet sich jedoch, einen monatlich oder jährlich festgesetzten Betrag, die sogenannte garantierte Provision, zu zahlen. Diese Provisionsgarantie entspricht dem Existenzminimum. Ist die verdiente Provision des Vertreters höher als die garantierte Provision, erhält er den überschießenden Betrag ausbezahlt, im umgekehrten Fall trägt die Gesellschaft die Differenz. Das Verfahren der garantierten Provision soll einerseits verhindern, daß der Vertreter Geschäfte um jeden Preis — also Überversicherungen und Versicherungen mit schlechten Risikoverhältnissen — abschließt, und will andererseits den Anreiz zur Leistungssteigerung aufrechterhalten.

Als Kompromißlösung bietet dieses Verfahren natürlich keine Perfektion, und es ist deshalb im Einzelfall stets zu untersuchen, ob nicht die ausschließliche Vergütung von Provisionen oder eines Festgehaltes vorzuziehen ist. Die Entscheidung darüber hängt ab von der Lage auf dem Arbeitsmarkt, der moralischen Qualität eines Bewerbers und der Größe eines eventuell vorhandenen, vom zukünftigen Vertreter zu übernehmenden Bestandes an Versicherungsverträgen.

Zu den Maßnahmen, die verhindern sollen, daß durch das Verhalten der Agenten das Versicherungsverbrechen gefördert wird, gehört auch die K o n t r o l l e und Ü b e r w a c h u n g ihrer Tätigkeit durch festangestellte Mitarbeiter der Gesellschaften, den sogenannten Inspektoren. Der Vorschlag von H a n s e n ,[71] daß diese Inspektoren sämtliche Versicherungsabschlüsse der Vertreter nachprüfen und auch in allen Schadenfällen eingreifen sollen, geht nach meiner Meinung angesichts der dadurch entstehenden Kosten zu weit.

4. Sonstige Maßnahmen

Abschließend seien noch einige weitere Möglichkeiten für die versicherungstechnische Bekämpfung der betrügerischen Brandstiftung genannt. Die zur Zeit geführten B r a n d s c h a d e n s t a t i s t i k e n sollten verbessert werden, damit das wirkliche Ausmaß der Brandstiftungskriminalität festgestellt werden kann. Zweckmäßig wäre eine Statistik, in der alle näheren Umstände von nachgewiesenen und vermuteten betrügerischen Brandstiftungen enthalten sind. Diese Statistik müßte von jeder einzelnen Gesellschaft in gleicher Weise geführt werden. Bei einer Addition der Einzel-

---

[71] H a n s e n : Die Brandstiftungsseuche, a.a.O., S. 186.

statistiken zu einer Gesamtstatistik ließen sich wertvolle Erkenntnisse über Erscheinungsformen und Häufigkeiten des Verbrechens und damit über die Hauptansatzpunkte einer versicherungstechnischen Bekämpfung gewinnen.

Für die Aussagefähigkeit der Brandschadenstatistiken ist die Qualität der B r a n d u r s a c h e n e r m i t t l u n g entscheidend. Im Jahre 1957 (1956) betrug die Summe an Brandentschädigungen, die von deutschen Versicherern gezahlt wurde, insgesamt 240,7 (226,0) Millionen DM; davon entfiel auf Brandereignisse, deren Ursachen unermittelt blieben, ein Betrag von 64,8 (73,5) Millionen DM oder 26,9 (32,5)%[72]. Zweifellos bilden betrügerische Brandstiftungen einen großen Teil dieser ungeklärten Schadenfälle.

Es sollte deshalb nicht zuletzt im Interesse der Verbrechensbekämpfung versucht werden, den Anteil der unermittelten Brandursachen zu vermindern. Die Wissenschaft hat in den letzten Jahren sowohl den Kriminalisten als auch den Brandschadenermittlern der Feuerversicherer ein hervorragendes Rüstzeug für die Ursachenermittlung zur Hand gegeben. Die neuesten Erkenntnisse auf diesem Gebiet, die vor allem im Verlauf der IV. Internationalen Brandermittlertagung in Kiel vom 7. bis 12. 7. 1958 vorgetragen wurden, sollen kurz dargestellt werden.

Das Experiment ist bei Fragen der Brandermittlung zu einer wichtigen Erkenntnisquelle geworden[73]. Es ermöglicht, die physikalischen und chemischen Eigenschaften von Stoffen zu bestimmen, die bei einem Brandereignis eine Rolle spielten; mit Hilfe von Experimenten können außerdem die Funktionsweise einer Zeitzündungsapparatur überprüft, der wahrscheinliche Brandablauf rekonstruiert und quantitative und qualitative Aschenbestimmungen vorgenommen werden.

Die chemische Reaktionskinetik hat einen wichtigen Beitrag zur Brandursachenermittlung beigetragen; mit ihrer Hilfe konnte die Aussagefähigkeit der am Brandort vorgefundenen Spuren erheblich vergrößert werden[74]. Daneben wurden neue Erkenntnisse über Brandfälle durch elektrischen Strom gewonnen[75]; insbesondere ist es in vielen Fällen möglich, aufgrund vorhandener Spuren zu entscheiden, ob ein Kurzschluß die Ursache oder die Folge des Brandes war.

Medizinische und biologische Befunde an Personen, die der Brandstiftung verdächtig sind, können als wichtige Indizien eine Beweiskette schließen und zur Verurteilung des Täters führen[76]. Die Art, die Schwere und

---

[72] Vergleiche VW., 1957, S. 620 und VW., 1958, S. 740.
[73] F r e i - S u l z e r : Die Rolle des Experiments in Brandermittlungsfällen, a.a.O., S. 39.
[74] L e s z c z y n s k i : Die Anwendung der chemischen Reaktionskinetik . . ., a.a.O., S. 49 ff.
[75] S c h ö n t a g : Neue Erkenntnisse zur Aufklärung von Brandzündungen durch elektrischen Strom, a.a.O., S. 75 ff.
[76] B e r g : Zur Bewertung medizinischer und biologischer Befunde . . ., a.a.O., S. 95 ff.

das Alter von Brandwunden, Haarversengungen und -veränderungen sowie Versengungsspuren an der Kleidung Verdächtiger sprechen für die Täterschaft.

Die neueste Forschung auf den Gebieten der Chemie und Physik haben weitere Klarheit über Selbstentzündungsvorgänge gebracht[77] und die Methoden zur Identifizierung von Brandasservaten verbessert[78].

Die Bedeutung einer gründlichen Brandursachenermittlung soll abschließend nochmals durch das Wort eines Kriminalisten herausgestellt werden; Dorsch[79] schreibt: „Die Brandstatistik zeigt, daß nur etwa 5% der Brandfälle auf vorsätzliche Brandstiftung entfallen. Daß dies bei der heutigen ‚Geldgier' und ‚Gewinnsucht' bei weitem nicht stimmen kann, ist jedem erfahrenen Fachmann klar. Die Schuld an der hohen Zahl der Brandfälle und an der niederen Prozentzahl der aufgeklärten vorsätzlichen Brandstiftungen liegt meines Erachtens daran, daß wir in unseren Reihen noch zu viele Brandermittler haben, die den Weg des geringsten Widerstandes, der ‚billigen Aufklärung', gehen. Es ist leicht, für jeden Brandfall eine plausible Ursache zu finden . . . Daß eine solche Brandermittlung Schule macht, steht außer Zweifel. Derartige Brandermittler werden unbewußt zu Anstiftern neuer vorsätzlicher Brandstiftungen."

Im Kampf gegen die Brandstiftungskriminalität kommt der Brandursachenermittlung die Aufgabe zu, das wirkliche Ausmaß der Verbrechertätigkeit festzustellen; darüber hinaus bildet sie die Grundlage für die Verurteilung des Brandstifters, indem sie Beweise für seine Täterschaft beibringt. Wenn sie diese Aufgaben erfüllt, wird der Anteil der unermittelten Brandfälle vermindert und gleichzeitig verhütet, daß es Brandstiftern gelingt, eine andere Brandursache vorzutäuschen und die Ursachenstatistik dadurch zu verfälschen.

Wie kann nun erreicht werden, daß die geschilderten Erkenntnisse und Erfahrungen in der Praxis für jeden einzelnen Schadenfall verwertet werden? Es gibt meines Erachtens dafür zwei Möglichkeiten; die erste besteht in einer eingehenden Schulung der Personen, die als Kriminalbeamte oder als Mitarbeiter der Versicherer mit der Brandursachenermittlung beauftragt sind. Ein guter Erfolg könnte jedoch auch — das ist die andere Möglichkeit — bereits von einem verhältnismäßig kleinen Stab von Sachverständigen erzielt werden; eine solche Gruppe von Experten sollte dem Gesamtverband der Versicherungswirtschaft, dem Verband der Sachversicherer oder der unten näher beschriebenen besonderen Organisation zur Bekämpfung des Versicherungsverbrechens angeschlossen sein

---

[77] Jach: Neue Erfahrungen mit Selbstentzündungsvorgängen, a.a.O., S. 137 ff.
[78] Lichtenberg: Physikalisch-chemische Untersuchungsmethoden . . ., a.a.O., S. 161 ff.
[79] Dorsch: Lehrreiche Fälle ermittelter vorsätzlicher Brandstiftungen, a.a.O., S. 299.

und in unklaren oder verdächtigen Brandfällen die Aufgabe der Ursachenermittlung übernehmen. Der mögliche wendige und schnelle Einsatz dieser Sachverständigen läßt eine solche Einrichtung besonders wertvoll erscheinen.

Eine besondere **Organisation zur Bekämpfung des Versicherungsverbrechens**, die von der Gesamtheit aller Versicherer errichtet und unterhalten werden müßte, könnte ebenfalls dazu beitragen, das Ausmaß der Versicherungsbetrügereien zu vermindern. Diese Institution sollte die Aufgabe haben, das Versicherungsverbrechen als solches zu erforschen und in zweifelhaften Schadenfällen den Gesellschaften beratend zur Seite zu stehen. Bisher hat es der Versicherungswirtschaft an der Initiative gefehlt, eine solche Organisation ins Leben zu rufen.

Der Versicherungsbetrug kann durch eine breit angelegte **Aufklärung der Öffentlichkeit** über das Versicherungswesen bekämpft werden. Durch Presse, Film und Rundfunk, in Schule und Elternhaus müssen derzeitige und zukünftige Versicherungsbedarfer[80] über die volkswirtschaftliche Bedeutung, über Aufgaben und Leistungen der Versicherung unterrichtet werden. Beim Abschluß von Verträgen müssen die Versicherungsnehmer über den Vertragsinhalt, über das Ausmaß der Leistungen im Schadenfall, über die Wertlosigkeit einer Überversicherung und über die Rechtsfolgen einer betrügerischen Handlung aufgeklärt werden. – Die Versicherungswirtschaft hat in den vergangenen Jahren durch Public Relations viele Erfolge zu verzeichnen gehabt; die Versicherungsmoral im deutschen Volke ist dennoch im Vergleich zu anderen Ländern schlecht.

Es hat auch nicht an Vorschlägen zur Bekämpfung des Versicherungsverbrechens gefehlt, die meines Erachtens undurchführbar sind. So ist es wohl abzulehnen, eine **Belohnung** für denjenigen auszusetzen, der einen Brandstifter anzeigt oder gar des Verbrechens überführt. Redliche Menschen, die von einer solchen Tat erfahren, werden ohnehin die Polizei oder den betroffenen Versicherer benachrichtigen und ihre Beweise zur Verfügung stellen. Unehrliche und betrügerische Personen könnten jedoch durch eine Auslobung zu dem Versuch angeregt werden, durch Denunziation oder andere Machenschaften den in Aussicht gestellten Betrag zu erhalten.

Augustin[81] berichtet über die Erfahrungen, die ein großer deutscher Feuerversicherer mit Auslobungen in den Jahren 1925 bis 1938 gemacht hat. Diese Gesellschaft hatte Privatpersonen und Kriminalbeamten – später nur noch Privatpersonen – einen Betrag von 5000 Mark für den Fall versprochen, daß sie einen Brandstifter seines Verbrechens derart über-

---

[80] So nennt Gasser denjenigen, der bewußt oder unbewußt ein Bedürfnis nach Versicherungsschutz hat.
[81] Augustin: Auslobung in Brandsachen, Erfahrungen in Schleswig-Holstein, a.a.O., S. 381 ff.

führten, daß seine Verurteilung vor Gericht gelang. Nach Ansicht des Berichterstatters stellte sich als Erfolg der Auslobung eine steigende Anzahl von Verurteilungen wegen vorsätzlicher Brandstiftung ein[82]; ein weiterer Effekt bestand nach seiner Ansicht in der Schadenverhütung; schließlich sei die weit verbreitete Meinung beseitigt worden, die betrügerische Brandstiftung sei lediglich ein Kavaliersdelikt. In dem Bericht werden auch die Nachteile einer generellen Auslobung erwähnt. So führt sie zu einer Belohnung auch in den Fällen, in denen der Tatbestand der Brandstiftung auch ohne ins einzelne gehende Beweise – beispielsweise aufgrund eines Geständnisses – offenkundig ist. Der oft entstehende Streit um die Verteilung des ausgelobten Betrages, die unnütze Arbeit bei der Verfolgung falscher Spuren sind weitere Nachteile. Schließlich bringt es die in Aussicht gestellte Belohnung mit sich, daß von den „Rechercheuren" Mutmaßungen als Tatsachen vorgebracht werden und dadurch redliche Personen in den Verdacht der Brandstiftung geraten können. Nach Meinung von A u g u s t i n ist heute das Verfahren der Auslobung wegen dieser Nachteile und der Dominanz des „stummen Zeugen", der naturwissenschaftlichen Untersuchungsmethoden, nicht mehr erfolgversprechend.

Völlig abwegig erscheint mir der Vorschlag von H a n s e n[83], sämtliche Personen, die mit einem Brandereignis in irgendeinem Zusammenhang stehen, verhaften und erst nach einer gerichtlichen Voruntersuchung wieder freizulassen, in der festgestellt wurde, daß sie keine Brandstifter sind. Ein solches Verfahren ist in einem Rechtsstaat nicht möglich.

---

[82] Meines Erachtens bestehen auch noch andere Gründe für die steigende Zahl von Verurteilungen, insbesondere die Zunahme der Brandstiftungskriminalität in den Jahren nach der Währungsstabilisierung und die schärfere Strafverfolgung nach 1933.
[83] H a n s e n : Die Brandstiftungsseuche, a.a.O., S. 187.

Drittes Kapitel

Das Versicherungsverbrechen im Bereich der Einbruchdiebstahlversicherung

Das spezifische Vertrauensverhältnis des Versicherungsvertrages ist im Bereich der Einbruchdiebstahlversicherung in besonderem Maße erforderlich, denn sowohl der Eintritt des Versicherungsfalles als auch die Höhe des Schadens können nur mit großen Schwierigkeiten nachgewiesen werden.

Versichert sind im allgemeinen nur Schäden durch E i n b r u c h diebstahl[1], seltener auch Schäden durch e i n f a c h e n Diebstahl[2]. Eine Inaugenscheinnahme des den Versicherungsfall auslösenden Ereignisses ist beim einfachen Diebstahl meist unmöglich, da der Dieb selten Spuren hinterläßt; aber auch beim Einbruchdiebstahl sind häufig keine Spuren anzutreffen – beispielsweise wenn Türen mit Hilfe von Nachschlüsseln geöffnet werden –, so daß der Versicherer bei der Feststellung sowohl des vermutlichen Tatherganges als auch der Menge und des Wertes der entwendeten Gegenstände den Angaben des Versicherungsnehmers vertrauen muß. Diese Unsicherheiten haben zur Folge, daß die Einbruchdiebstahlversicherung von Versicherungsbetrügern für ihre verbrecherischen Pläne

---

[1] E i n b r u c h diebstahl im Sinne der AEB. liegt vor,
a) wenn ein Dieb in ein Gebäude oder den Raum eines Gebäudes einbricht, einsteigt oder mittels falscher Schlüssel oder anderer nicht zum ordnungsmäßigen Öffnen bestimmter Werkzeuge eindringt,
b) wenn er in einem Gebäude oder dem Raum eines Gebäudes Türen oder Behältnisse erbricht oder zum Öffnen von Türen oder Behältnissen falsche Schlüssel oder andere zum ordnungsmäßigen Öffnen nicht bestimmte Werkzeuge verwendet,
c) wenn er den Diebstahl zur Nachtzeit in einem Gebäude oder dem Raum eines Gebäudes begeht, in das er sich in diebischer Absicht eingeschlichen oder worin er sich in dieser Absicht verborgen hatte,
d) wenn er den Diebstahl unter Anwendung der richtigen Schlüssel ausführt, sofern er diese durch Diebstahl im Sinne der Bestimmungen zu a) bis c), durch Beraubung oder räuberische Erpressung an sich gebracht hat.
Vergleiche § 1,2 AEB. und § 2,2 VHB.

[2] Versicherungsschutz gegen Schäden durch e i n f a c h e n Diebstahl gewährt seit kurzer Zeit die Mehrzahl der Versicherer im Bereich der Hausratversicherung. Nach den „Zusatzbedingungen zu den Allgemeinen Bedingungen für die Versicherung des Hausrats gegen Feuer-, Einbruchdiebstahl-, Beraubungs- und Leitungswasserschäden (VHB.)" – Abschnitt A,I,1 und Abschnitt B – werden Schäden durch einfachen Diebstahl von Wäsche auf dem Versicherungsgrundstück außerhalb des Hauses, von Gartenmöbeln und -geräten sowie von Fahrrädern bis zu bestimmten Summen ersetzt. Auch in der Reisegepäck-, Transport- und Feuerversicherung (Diebstähle während des Brandereignisses) fallen Schäden durch einfachen Diebstahl unter den Versicherungsschutz.

bevorzugt herangezogen wird, da sich der Nachweis des Versicherungsverbrechens besonders schwierig gestaltet.

I. Erscheinungsformen

1. Fingierte Einbrüche

Die häufigste Erscheinungsform des Versicherungsverbrechens im Bereich der Einbruchdiebstahlversicherung ist der fingierte Einbruch. Bei dieser Art der Verbrechensausführung lassen sich zwei Versionen unterscheiden; der Versicherungsnehmer kann selbst einen Einbruch vortäuschen, indem er Spuren eines Einbruchs künstlich herstellt und beiseite geschaffte oder überhaupt nicht vorhandene Gegenstände als gestohlen angibt. Der Versicherungsnehmer kann jedoch auch – das ist die andere Version – irgendwelche Mittelsmänner beauftragen, bei ihm einen „Einbruch" durchzuführen, den er passiv oder aktiv unterstützt. Die zuletzt genannte Tattechnik wird im weiteren „Einbruch auf Bestellung" genannt.

Der vom Versicherungsnehmer selbst fingierte Einbruch ist häufig laienhaft und primitiv „ausgeführt". Der Betrüger, der die Arbeitsweise wirklicher Einbrecher nicht kennt, ist geneigt, ein Zuviel an Spuren anzubringen, um darzutun, welch raffinierten Verbrechern er zum Opfer gefallen ist, daß die guten Sicherungen des Versicherungsgrundstückes der Technik und Taktik der Einbrecher nicht widerstehen konnten; der Betrüger versucht, durch die Vielzahl der von ihm angebrachten Spuren zu beweisen, daß wirklich ein Einbruch, ja sogar ein ganz besonders schwerer Einbruch stattgefunden hat.

Er richtet beispielsweise eine heillose Verwüstung in seinem Ladenlokal an, beschädigt Tür- und Fensterschlösser, wirft Schränke um, zerschlägt alle Glasscheiben, zerstört Waren und legt gar zum Abschluß seiner Aktionen einen Brand in den Geschäftsräumen an. Der Betrüger übersieht dabei, daß viele der Spuren völlig untypisch für die Arbeitsweise wirklicher Einbrecher sind und die Ermittlungsbeamten der Polizei darauf hinweisen können, daß hier ein fingierter Einbruch vorliegt. Einbrecher, insbesondere Berufsverbrecher, pflegen weder heillose Verwüstungen anzurichten noch Einrichtungsgegenstände grundlos zu zerschlagen, auf keinen Fall legen sie Brände an.

Der erfahrene Kriminalist und der Schadenregulierer des Versicherers sind daher bei solchen fingierten Einbrüchen häufig in der Lage, den wahren Sachverhalt in kurzer Zeit zu erkennen, wenn sie die vorgefundenen Spuren nach den Grundsätzen der modernen Kriminaltechnik „unter die Lupe nehmen". – Im übrigen lassen sich in vielen Fällen die als gestohlen gemeldeten Gegenstände mit geringer Mühe aufspüren. Der Betrüger pflegt sie in seiner Privatwohnung, bei guten Freunden oder in Sonderlagern unterzubringen. Damit ist ein weiterer, verhältnismäßig schnell zu erbringender Beweis für das Versicherungsverbrechen gegeben.

Eine Eigenart bei dieser Art der Verbrechensausführung besteht darin, daß der Betrüger gewöhnlich nach der ersten geglückten Tat sehr bald das nächste Betrugsmanöver in Szene setzt; die beim erstenmal „gestohlenen" Gegenstände werden erneut „entwendet". In drastischen Worten beschreibt Nelken[3] dieses Verfahren: „Unter solchen Umständen ist es nicht erstaunlich, wenn gewisse Leute behaupten, daß einige Firmen durch nichts anderes als durch geglückte Einbrüche reich geworden seien. Man wird... an den berühmten Hammel von Montenegro erinnert, der durch das oft Gestohlenwerden schon ganz abgegriffen ist. Auch hier besteht die Abnutzung der Ware hauptsächlich darin, daß sie immer wieder gestohlen wird."

Im Gegensatz zu den vom Versicherungsnehmer selbst fingierten Einbrüchen sind Einbrüche auf Bestellung im allgemeinen nur mit Schwierigkeiten zu erkennen. Während sich der Versicherungsnehmer „amateurhaft" verhält, zeichnen sich die bestellten Einbrüche dadurch aus, daß sie sich in ihrer Ausführungsweise von der Technik und Taktik wirklicher Einbrecher nicht unterscheiden. Das ist nicht verwunderlich, denn die gedungenen Verbrecher rekrutieren sich in der Regel aus dem Kreis entlassener Sträflinge – ein Personenkreis, der über das erforderliche Maß an Sachkenntnis verfügt.

Über die Art und Weise, wie Aufträge für derartige „Einbrüche" zustandekommen, berichtet ebenfalls Nelken[4]: „Unser Zeitalter, dessen Hauptaufgabe es zu sein scheint, alle technischen Errungenschaften in den Dienst des Komforts zu stellen, hat auch in dieser Richtung für Bequemlichkeit gesorgt. Ohne etwas von der Technik des Einbruchs zu verstehen, genügt neuester Zeit eine dementsprechende Auftragserteilung an einen Agenten, der für fachkundige und prompte Erledigung derartiger Wünsche Sorge trägt.

Mehr noch; er erspart in vielen Fällen den Geschäftsleuten die Mühe, ihn aufzusuchen. Wenn in einem Geschäft eine bedrohliche Absatzstockung eingetreten ist und man zu munkeln beginnt, daß es faul im Staate Dänemark ist, erscheint eines Tages ein wohlangezogener und bieder aussehender Herr, der sich bei dem Geschäftsinhaber bescheiden erkundigt, ob ihm ein Totalausverkauf seiner Waren angenehm wäre. Findet ein solches Angebot Interesse, zieht man sich in das Privatkontor zurück, in welchem die Provision des Geschäftes ausgemacht wird. Nachdem sich der Agent seinen Gewinnanteil gesichert hat, rückt er mit der Frage heraus, wie hoch eigentlich der Geschäftsinhaber gegen Einbruch versichert sei. Erscheint dem Agenten die Versicherungssumme nicht hoch genug, dann rät er dem Geschäftsinhaber, schleunigst eine Nachversicherung einzuge-

---

[3] Nelken: Verbrechen und Versicherung, S. 121.
[4] Nelken: Verbrechen und Versicherung, S. 108 f.

hen, läßt aber gleichzeitig dabei durchblicken, daß dies für die Abwicklung des Geschäftes von größter Bedeutung sei.

Ist auch dieser Punkt glücklich erledigt, dann ist der Zeitpunkt des Handelns gekommen. Und nun, o Sicherungsindustrie, verhülle dein Antlitz! Sicherheitsschlösser, Türverriegelungen, Vorlegebalken, Rolladen, elektrische Sicherungen, massive Wände, Geldschränke, bissige Hunde, Wächter, — kurz, alles versagt.

Eines Morgens ist die Tat vollbracht, und der Eigentümer steht entsetzt und jammernd in seinem völlig ausgeraubten Lokal. Selbst ein Laie muß auf den ersten Blick erkennen, daß hier Fachleute von Qualität an der Arbeit waren. Gelingt es dem Versicherungsunternehmen nicht, den Nachweis zu führen, daß unmittelbar vor dem Einbruch wertvolle Ware zur Seite geschafft wurde, dann ist ein auf solche Weise inszenierter ‚Total-Ausverkauf' geglückt und muß unweigerlich bezahlt werden."

Soweit der Bericht von N e l k e n. Wenn auch in den letzten Jahren von der Existenz derartiger Verbrecherbanden in der Öffentlichkeit nichts bekannt wurde und der geschilderte „Kundendienst" in Form einer regelrechten „Akquisitionsorganisation" nicht mehr besteht, bietet es wohl auch heute keine großen Schwierigkeiten, gestrandete Existenzen zu finden, die gegen das entsprechende Honorar bereit sind, ihre Fachkenntnisse in den Dienst eines Versicherungsbetruges zu stellen.

Nachdem der oder die „Einbrecher" angestellt sind, bereitet der Versicherungsbetrüger den Tatort vor. Er „vergißt", Türen und Fenster in der gewohnten Weise zu verschließen; die „zu stehlenden" Gegenstände werden bereitgestellt, sofern das Vertrauen des Betrügers zu den gedungenen Einbrechern so weit reicht, daß er ihnen sein Hab und Gut zum „Stehlen" überläßt. Im anderen Fall schafft er die versicherten Gegenstände beiseite, oder er hat zum Zwecke des Versicherungsbetruges überhaupt nicht vorhandene Waren versichert.

Das Versicherungsverbrechen in Form fingierter Einbrüche ist im allgemeinen eine großstädtische Erscheinung; unter den Betrügern sind vor allem Besitzer von kleingewerblichen Betrieben und Handelsgeschäften zu finden, so daß die Versicherer im Rahmen der versicherungstechnischen Bekämpfung ihr Augenmerk besonders auf den Bereich der Einbruchdiebstahlversicherung solcher Objekte richten müssen.

Die I n d i z i e n für das Vorliegen eines Versicherungsverbrechens in Form eines fingierten Einbruchs sind im wesentlichen die gleichen wie bei der betrügerischen Brandstiftung. Die wirtschaftliche Lage des Versicherungsnehmers, die besonderen Umstände des Versicherungsverhältnisses, vorhandene Vorschäden, das Verhalten des Versicherungsnehmers vor, während und nach der Tat können wertvolle Fingerzeige auf ein begangenes Verbrechen geben.

Neben diesen Umständen kommt jedoch für die Aufdeckung eines fingierten Einbruchs den bereits mehrfach erwähnten Spuren der Tat besondere Bedeutung zu. Der vom Versicherungsnehmer gegebene Bericht über den wahrscheinlichen Tatverlauf muß im Zusammenhang mit den vorgefundenen Spuren genau untersucht werden und durch Rekonstruktionen und Ablaufstudien experimentell durchforscht werden. Bei fingierten Einbrüchen stellen sich dann oft sehr schnell Unmöglichkeiten oder Unwahrscheinlichkeiten heraus. Es sind auch scheinbar nebensächliche Umstände zu berücksichtigen; beispielsweise liegt der Verdacht an einen fingierten oder bestellten Einbruch (Freunde des Versicherungsnehmers als Täter) nahe, wenn am Tatort ein vergifteter oder erstochener Wachhund aufgefunden wird[5], da dieser wahrscheinlich nur eine ihm bekannte Person an sich hatte herankommen lassen. Ebenso können aus der Lage und Beschaffenheit von Splittern einer eingeschlagenen Glasscheibe Schlüsse gezogen werden, ob sie von außen oder innen eingeschlagen wurde.

Obwohl diese Indizien in erster Linie für die kriminalpolizeilichen Untersuchungen bedeutsam sind, nützt ihre Kenntnis auch dem Versicherer; sie beeinflussen seine Entscheidung, ob er die Leistung verweigern soll, um einen Zivilprozeß des Versicherten zu „provozieren", in dem diese Indizien von einem Gremium sachverständiger Richter gewürdigt werden.

Abschließend sei der Fall[6] eines vom Versicherungsnehmer fingierten Einbruchs berichtet: Der Inhaber eines Pelzgeschäftes hatte seine Warenvorräte hoch versichert. Eines Morgens benachrichtigte er die Polizei, daß während der Nachtstunden ein Einbruch in sein Geschäft verübt worden sei, bei dem die Diebe wertvolle Chinchillafelle erbeutet hätten. Die Täter seien vom Hof her in das Ladenlokal eingedrungen, indem sie einen Rollladen hochgedrückt und eine Fensterscheibe eingeschlagen hätten. – Die Ermittlungen ergaben, daß der Kaufmann, dessen Geschäft konkursreif war, den Einbruch fingiert hatte. Er hatte die Verschlußsperre des Rollladens beschädigt und den Laden gewaltsam hochgedrückt. Aus der Lage der Glassplitter und der Form der Sprünge in den Scheibenresten ergab sich, daß die Fensterscheibe von innen mit einem Gegenstand eingeschlagen worden war. Die als gestohlen gemeldeten Chinchillafelle fanden sich in der Wohnung eines Komplizen. Der Betrüger gab die Tat zu, als ihm diese Indizien vorgehalten wurden, und wurde wegen Betruges verurteilt.

2. Umdeuten eines einfachen Diebstahls in einen Einbruchdiebstahl durch den Versicherungsnehmer

Eine weitere Erscheinungsform des Versicherungsverbrechens liegt vor, wenn der Versicherungsnehmer den Eintritt des Versicherungsfalles vortäuscht, indem er einen einfachen Diebstahl, der aufgrund von § 1,1 AEB.

---
[5] Nelken: Verbrechen und Versicherung, S. 123.
[6] Der Fall wurde den Akten eines deutschen Versicherers entnommen.

(§ 1,1, b VHB.) keinen Leistungsanspruch aus dem Versicherungsvertrag begründet, so darstellt, als habe ein Einbruchdiebstahl stattgefunden.

Im Gegensatz zu den fingierten und bestellten Einbrüchen handelt es sich bei dieser Erscheinungsform in der Regel um plumpe Betrugsversuche – meist bleibt es beim Versuch – in der Absicht, für entwendete Gegenstände geringen Wertes Ersatz zu erhalten. So findet sich diese Art des Versicherungsbetruges vor allem im Anschluß an Diebstähle aus unverschlossenen Villen, Bauernhöfen und Baubuden und bei Diebstählen von Fahrrädern und von in Garten und Hof zum Trocknen aufgehängten Wäschestücken.

Häufig gibt der Versicherungsnehmer in Unkenntnis des Umfanges des Versicherungsschutzes zunächst den wahren Sachverhalt an, um sich dann bei der Ablehnung des Schadens durch den Versicherer zu „besinnen" oder zu „erinnern", daß die Haustür doch verschlossen, das Fahrrad abgeschlossen war. Leider muß festgestellt werden, daß oft Versicherungsvertreter in dem falschverstandenen Interesse, den Versicherten zu „beraten", ihn zu derartigen Machenschaften veranlassen; sie hoffen, dadurch ihr akquisitorisches Potential bei dem betreffenden Kunden zu erhöhen.

Die beschriebene Form des Betruges kommt vor allem im Bereich der Einbruchdiebstahlversicherung des Hausrates vor. Die Mehrzahl der deutschen Gesellschaften hat vor wenigen Jahren durch die „Zusatzbedingungen zu den Allgemeinen Bedingungen für die Versicherung des Hausrats gegen Feuer-, Einbruchdiebstahl-, Beraubungs- und Leitungswasserschäden (VHB.)" den Versicherungsschutz in der Weise erweitert, daß Schäden durch einfachen Diebstahl von Wäsche, die sich tagsüber zum Waschen, Trocknen oder Bleichen außerhalb der Versicherungsräume auf dem Versicherungsgrundstück befindet, von Gartenmöbeln und -geräten in einem eingefriedeten Versicherungsgrundstück und von nicht abgeschlossenen Fahrrädern ersetzt werden. Durch den erweiterten Versicherungsschutz wird nicht zuletzt ein großer Anreiz zum Betrug beseitigt.

3. Betrügerisches Ausnützen eines eingetretenen Einbruchdiebstahlschadens

Wie in allen Versicherungszweigen ist auch im Bereich der Einbruchdiebstahlversicherung das betrügerische Ausnützen eines entstandenen Schadens eine weitere Erscheinungsform des Versicherungsverbrechens. Der Versicherungsnehmer macht dabei seinem Versicherer gegenüber falsche Angaben über Art, Menge und Wert der gestohlenen Gegenstände. Er gibt Gegenstände als gestohlen an, die überhaupt nicht vorhanden waren oder beiseite geschafft wurden, nachdem der verübte Einbruch bekannt geworden war. Daß gestohlene Gegenstände in den meisten Fällen die teuersten ihrer Art waren, wird ohnehin jeder Schadenregulierer bestätigen wissen.

Man muß allerdings von diesem Sachverhalt einen anderen Umstand unterscheiden, der gewöhnlich bei Einbruchdiebstahlschäden anzutreffen ist. Die Beute eines Einbrechers besteht in erster Linie aus den wertvollsten Gegenständen eines Hausrats oder Warenlagers. Wenn beispielsweise ein Versicherter angibt, es seien aus seiner Wohnung vor allem Gold- und Silbersachen gestohlen worden, kann deshalb dieser Aussage — selbst wenn der versicherte Haushalt bescheiden ist — weitaus größeres Vertrauen geschenkt werden als etwa der Behauptung, daß ein gestohlenes Kleid von einem Maßatelier angefertigt worden sei und deshalb einen Wert von mehreren hundert Mark gehabt habe. Die Einbruchdiebstahlversicherung unterscheidet sich hier wesentlich von der Feuerversicherung; während der Einbrecher den Schaden „gezielt" herbeiführt, ergreift in der Feuerversicherung der Brand als „Schädiger" wahllos wertvolle und geringwertige Gegenstände.

Das betrügerische Ausnützen eines eingetretenen Schadens wird, wie bereits oben erwähnt wurde, dadurch erleichtert, daß kein augenscheinlicher Beweis des entstandenen Schadens möglich ist[7].

4. Vorgetäuschte Raubüberfälle

In den Bereich der Einbruchdiebstahlversicherung gehört auch die Beraubungsversicherung[8]. Wenn auch in den meisten Fällen fingierte Raubüberfälle dazu dienen sollen, Unterschlagungen, Veruntreuungen, Diebstähle oder andere mehr oder weniger verbrecherische Tatbestände zu vertuschen, so werden sie auch zum Zwecke des Versicherungsbetruges inszeniert; der von Nelken[9] berichtete Fall möge das demontrieren:

In Edinburgh wurde im Jahre 1911 ein Ehepaar der ersten Gesellschaftskreise wegen eines fingierten Raubüberfalles verurteilt, der ihm den Betrag von 132 000 Mark einbringen sollte. Die Ehefrau hatte — um auf Gesellschaften besonders aufzufallen — von einem Juwelier bis zu einem Kaufentschluß ein wertvolles Perlenkollier leihweise erhalten, das sie überall als Geschenk eines alten Freundes ausgab. Als der Juwelier das Kollier zurückverlangte, ließ es die Betrügerin hoch versichern und behauptete, auf der Straße von zwei Männern überfallen worden zu sein, die ihr das Schmuckstück vom Hals gerissen hätten. Das betrügerische Ehepaar konnte binnen kurzer Frist des Betruges überführt werden.

---

[7] Die Verhältnisse liegen anders, wenn der Schaden in der Zerstörung oder Beschädigung versicherter Gegenstände (zum Beispiel der Geschäftseinrichtung) besteht. Schäden dieser Art machen jedoch erfahrungsgemäß nur einen Bruchteil des Gesamtschadens aus.

[8] Raub oder räuberische Erpressung im Sinne der Allgemeinen Versicherungsbedingungen ist Entwendung unter Anwendung von Gewalt gegen eine Person oder Drohung mit Gefahr für Leib und Leben (§ 1 der Sonderbedingungen für die Beraubungsversicherung und § 2,3 der VHB.).

[9] Nelken: Verbrechen und Versicherung, S. 132 f.

II. Motive

Die Motive und Anlässe zum Versicherungsverbrechen im Bereich der Einbruchdiebstahlversicherung sind durchweg die gleichen wie zum Brandversicherungsbetrug. So kommen als Motive zur Tat vor allem Geldgier, Eigennutz, Habsucht, Ehrsucht und Ehrgeiz infrage, aber auch Eitelkeit und Gefallsucht können den Gedanken an einen Versicherungsbetrug hervorbringen[10].

Anlaß zur Tat ist meist eine akute finanzielle Notlage, die durch Zahlungsunfähigkeit, Schulden, schlechten Geschäftsgang und ähnliche Umstände gekennzeichnet ist. Die Nachahmung von Betrügereien spielt auch hier eine große Rolle; ein geglückter Versicherungsbetrug, die Prahlerei und Angabe mit dem finanziellen Erfolg der Tat lösen weitere Betrugsversuche in der näheren und weiteren Umgebung des Täters aus.

III. Häufigkeiten

Die absolute Häufigkeit von Versicherungsverbrechen im Bereich der Einbruchdiebstahlversicherung läßt sich nicht – nicht einmal annäherungsweise – feststellen, da weder die einzelnen Versicherer noch deren Verbände[11] irgendwelche Statistiken über das Verbrechen führen. In der Bundeskriminalstatistik sind Fälle von Versicherungsbetrug mit Hilfe von Einbruchdiebstahlversicherungen in den Zahlen mehrerer anderer Straftaten enthalten, so daß auch sie keine Auskunft über die Zahl der hier interessierenden Straftatbestände geben kann.

Lediglich aus der Unterhaltung mit Schadenbearbeitern von Versicherungsgesellschaften ließ sich eine Erkenntnis über die relative Häufigkeit gewinnen. Die Häufigkeit von Betrugsfällen im Bereich der Einbruchdiebstahlversicherung hängt – ähnlich wie die der betrügerischen Brandstiftungen – ab von dem Verhältnis zwischen dem Bestreben, Geldwerte oder Sachwerte zu besitzen. Dieses Verhältnis wird von der Konjunkturlage der Wirtschaft entscheidend beeinflußt, so daß für die Einbruchdiebstahlversicherung dasselbe ausgesagt werden kann wie für die landwirtschaftliche Feuerversicherung: Die Einflüsse der Konjunktur sind in der Lage, durch das sich ändernde wechselseitige Verhältnis zwischen Geld- und Sachwert das subjektive Risiko und damit die Neigung zum Versicherungsbetrug zu verändern; in einer Depression nimmt daher die Zahl der Versicherungsverbrechen zu, in einer Hochkonjunktur ab. Dieser Sachverhalt begründet teilweise die Schwankungen im Schadenverlauf der Einbruchdiebstahlversicherung, wenn auch nicht verkannt wird, daß andere Faktoren, insbesondere die allgemeine Einbruchskriminalität, diesen Einfluß überdecken.

---

[10] Vergleiche den Bericht über einen fingierten Raubüberfall (S. 64).
[11] Befragt wurden der Gesamtverband der Versicherungswirtschaft e. V., Köln, der Verband der Sachversicherer e. V., Köln und eine Anzahl großer deutscher Sachversicherungsgesellschaften.

IV. Versicherungstechnische Bekämpfung

1. Bedingungswerk

Ein sorgfältig ausgearbeitetes Bedingungswerk für die Einbruchdiebstahlversicherung ist ein hervorragendes Mittel, das Versicherungsverbrechen wirksam zu bekämpfen; durch seinen Inhalt soll es den Anreiz zum Betrug vermindern. Da die Einbruchdiebstahlversicherung wie die Feuerversicherung zum Bereich der Schadensversicherung gehört, kann in vielen Punkten auf die Ausführungen in dem Kapitel über den Brandversicherungsbetrug verwiesen werden[12].

Gemäß § 16 AEB. und § 15 VHB. ist der Versicherer **von der Verpflichtung** zur Leistung unter anderem dann **frei**, wenn der Versicherungsnehmer den Schaden vorsätzlich herbeigeführt oder bei den Verhandlungen über die Schadenregulierung den Versicherer arglistig getäuscht hat.

Den Katalog der **Obliegenheiten** im Schadenfall enthalten die §§ 13 AEB. und 12 VHB. Zu der in allen Versicherungszweigen vorgeschriebenen Anzeige-, Schadenminderungs- und Auskunftspflicht kommt in der Einbruchdiebstahlversicherung die Verpflichtung des Versicherten hinzu, unverzüglich die Polizei von dem Einbruch zu benachrichtigen, nachdem er selbst davon Kenntnis erhalten hat; außerdem ist er gehalten, der Polizei innerhalb von drei Tagen eine Aufstellung der entwendeten Gegenstände einzureichen (§ 13,1,a AEB., § 12,1,a VHB.). Eine sofortige Benachrichtigung der Polizei erhöht das Risiko des Betrügers und wirkt dadurch verbrechenshemmend. — Im übrigen verstößt der Versicherungsverbrecher stets vorsätzlich gegen eine oder mehrere Obliegenheiten. Ein solcher Verstoß ist erfahrungsgemäß leichter nachzuweisen als die Tat selbst; da er bereits das Recht der Leistungsverweigerung herbeiführt, stellen die vertraglichen Obliegenheiten gute Mittel der Verbrechensbekämpfung dar.

Die Vereinbarung einer **Selbstbeteiligung** im Versicherungsvertrag hat dagegen hier keine Bedeutung für die versicherungstechnische Bekämpfung. Im Gegensatz zum Brandversicherungsbetrug, bei dem das Opfer des Verbrechers außer in der gezahlten Prämie in einem erheblichen Sachschaden besteht, läßt sich bei einem fingierten oder bestellten Einbruch dieser Schaden weitgehend vermeiden, wenn die „entwendeten" Gegenstände vor der Tat beiseite geschafft werden oder wenn überhaupt nicht vorhandene Sachen versichert werden. Eine Franchise bewirkt hier lediglich, daß der Versicherungsnehmer zu einer Verbesserung des objektiven Risikos angeregt wird.

Dagegen ist die Vereinbarung umfangreicher **Sicherheitsvorschriften** für die Verbrechensbekämpfung hervorragend geeignet. Un-

---
[12] Vergleiche S. 43 ff.

ter Sicherheiten – häufiger als Sicherungen bezeichnet – sind alle Vorkehrungen zu verstehen, die das objektive Risiko verbessern, wie zum Beispiel der Einbau erstklassiger Schlösser[13], das Anbringen von Rolläden oder Eisengittern, die Installation von Alarmanlagen, die Bewachung des Versicherungsgrundstückes durch Kontrollgänge von Wach- und Schließgesellschaften und vieles andere mehr. Eine Sicherung in diesem Sinne stellt auch die in § 2,3 AEB. (§ 3,2 VHB.) vorgeschriebene Aufbewahrung von Wertgegenständen (Bargeld, Wertpapiere, Urkunden, Edelsteine, Briefmarkensammlungen, Schmuck-, Gold- und Silbersachen und anderes) in verschlossenen Behältnissen dar, die eine erhöhte Sicherheit, und zwar auch gegen die Wegnahme der Behältnisse selbst gewähren.

Die Beachtung dieser Sicherheitsvorschriften, die in den allgemeinen oder besonderen Versicherungsbedingungen enthalten sein können[14], erschwert natürlich die Ausführung eines fingierten oder bestellten Einbruchs erheblich. Je besser die Versicherungsräumlichkeiten gesichert sind, desto geringer sind die Chancen eines betrügerischen Versicherten, durch Spuren einen Einbruch vortäuschen zu können. Diese Spuren muß der Betrüger jedoch anbringen, denn wirkliche Einbrecher hätten eine Vielzahl von Sicherungen nicht überwinden können, ohne äußerlich sichtbare Spuren zu hinterlassen.

Verletzt der Versicherungsnehmer die vertraglich vereinbarten Sicherheitsvorschriften vorsätzlich oder grobfahrlässig oder erhöht er die Gefahr, indem er Sicherungen beseitigt oder vermindert, wird der Versicherer leistungsfrei (§§ 6 und 7 AEB., § 7 VHB.).

Der Versicherer hat deshalb auch im Interesse der Verbrechensbekämpfung darauf zu achten, daß die zu versichernden Risiken mit besten Sicherungen versehen sind oder versehen werden; spürbare Prämiennachlässe für Sicherungen können diese Bemühungen unterstützen.

2. Büromäßige Bearbeitung der Versicherungsverträge

Außer einem zweckmäßigen Bedingungswerk sind verschiedene Maßnahmen bei der büromäßigen Bearbeitung der Versicherungsverträge geeignet, das Versicherungsverbrechen im Bereich der Einbruchdiebstahlversicherung wirksam einzudämmen.

Besonders bedeutend ist dabei die eingehende Prüfung des subjektiven Risikos, damit etwa vorhandene Betrugsabsichten möglichst bereits bei Antragstellung erkannt werden. Die das subjektive Risiko bestimmenden Faktoren sind die moralischen Qualitäten des Versicherten,

---

[13] Als sogenannte Sicherheitsschlösser werden im allgemeinen Chubbschlösser mit zahlreichen symmetrischen oder unsymmetrischen Zuhaltungen, Zylinder- und Brahmaschlösser angesehen.

[14] Neben den vertraglichen hat der Versicherungsnehmer selbstverständlich die gesetzlichen und polizeilichen Sicherheitsvorschriften zu beachten.

die in Verbindung mit seinen finanziellen Verhältnissen einen mehr oder weniger starken Hang zur betrügerischen Ausnützung der Versicherung herbeiführen können. Beispielsweise sind Habsucht, Ehrgeiz und zügelloses Strebertum in Verbindung mit einer mißlichen wirtschaftlichen Lage eine Konstellation, die Anlaß dafür sein sollte, einen gestellten Versicherungsantrag abzulehnen.

Ausdruck des subjektiven Risikos sind in vielen Fällen die Beziehungen des Antragstellers zu Gesellschaften, bei denen frühere Einbruchdiebstahlversicherungen bestanden. Die Untersuchung dieser Versicherungsverhältnisse, der näheren Umstände größerer Vorschäden und vielleicht erkennbarer Betrugsversuche sind eine vordringliche Aufgabe des zuständigen Sachbearbeiters.

Da das Versicherungsverbrechen im Bereich der Einbruchdiebstahlversicherung von einem Betrüger häufig wiederholt wird, hat sich die Versicherungswirtschaft einen Auskunftsdienst eingerichtet, der mit Hilfe „schwarzer Listen" betrügerische Versicherte bekanntgibt; dadurch soll vermieden werden, daß Betrüger oder des Betrugs verdächtige Personen erneut Versicherungsschutz erhalten. Der Auskunftsdienst ist in seiner heutigen Form unvollkommen. Wie die Erfahrung zeigt, schließt ein Verbrecher nach dem ersten geglückten Betrug die für das nächste „Unternehmen" erforderliche Versicherung in der Regel nicht unter seinem Namen, sondern unter dem von Verwandten, Freunden oder fingierten Personen ab. Der Auskunftsdienst versagt in solchen Fällen, so daß es zweckmäßig wäre, die Kartei der Betrugsfälle nicht nach den Namen der betreffenden Versicherungsnehmer, sondern nach den Versicherungsorten zu ordnen. Es ist anzunehmen, daß der Verbrecher kein Interesse hat, im Wiederholungsfall außer den Akteuren auch den Schauplatz der Handlung zu ändern. Ein dauernder Wechsel – beispielsweise – des Geschäftslokals wäre seinem Ruf als solidem Kaufmann, auf den er ängstlich bedacht ist, wahrscheinlich abträglich.

Bei der Versicherung von Handelsgeschäften empfiehlt es sich als zusätzliche Maßnahme, bei einer Handelsauskunftei eine Auskunft über die Kreditwürdigkeit des Antragstellers einzuholen, um die Versicherung insolventer Personen oder Unternehmen zu vermeiden.

Zusammenfassend läßt sich feststellen, daß der Versicherer im Interesse der Verbrechensbekämpfung besondere Aufmerksamkeit darauf verwenden muß, die das subjektive Risiko bestimmenden Umstände durch geeignete Personen des Außendienstes sorgfältig feststellen zu lassen.

Auf die Bedeutung der Sicherungen für die Verbrechensbekämpfung wurde bereits hingewiesen. Ihr Vorhandensein oder Nichtvorhandensein bestimmen zusammen mit der Art der zu versichernden Gegenstände im wesentlichen den Umfang des objektiven Risikos. Das Ausmaß des objektiven Risikos wird durch eine Besichtigung des Versicherungsortes ermittelt, in deren Verlauf eine eingehende Skizze angefertigt wird; in diese werden Zahl und Art der Sicherungen eingetragen. Die Skizze und eine dazugehörende Beschreibung müssen zu den Akten genommen werden; im Schadenfall bilden sie wichtige Unterlagen für den Schadenregulierer. Anhand der Zeichnung kann er feststellen, ob Sicherungen in der Zwischenzeit entfernt oder geändert wurden.

Die Besichtigung des zu versichernden Risikos ist ferner die Grundlage für die Forderung nach zusätzlichen Sicherungen und für die Auswahl der dem Vertrag zugrunde zu legenden allgemeinen und besonderen Bedingungen, deren verbrechenshemmende Wirkung oben erläutert wurde.

Während der Besichtigung ist schließlich noch zu prüfen, ob die Gegenstände, für die die Versicherung beantragt wird, tatsächlich vorhanden sind. Dadurch wird vermieden, daß ein „potentieller Betrüger" Versicherungsschutz für nicht existierende Gegenstände erhält.

Eine Überversicherung bildet einen Anreiz zum Versicherungsbetrug. Das bei der Erörterung des Brandversicherungsbetruges über die B e k ä m p f u n g   d e r   Ü b e r v e r s i c h e r u n g Gesagte gilt hier sinngemäß. Die entsprechenden Bestimmungen im Bedingungswerk der Einbruchdiebstahlversicherung sind außer in § 55 VVG. in den §§ 3,1 AEB., 9 AEB., 10 AEB., 4,1 VHB. und 9 VHB. zu finden. – Durch die Stichtagsversicherung für Vorräte und die Versicherung auf erste Gefahr sind Vertragsformen geschaffen worden, die den Abschluß einer vorsorglichen Überversicherung erübrigen.

Das V o r g e h e n   d e s   V e r s i c h e r e r s   i m   S c h a d e n f a l l bietet schließlich eine Reihe weiterer Möglichkeiten der Verbrechensbekämpfung; sie sind im wesentlichen bei der Erörterung der betrügerischen Brandstiftung erwähnt.

Besonders sei hier nochmals auf den Einsatz kriminalistisch geschulter Mitarbeiter hingewiesen. Die hervorragende Bedeutung der Spurenkunde bei der Aufdeckung fingierter und bestellter Einbrüche erfordert den Einsatz von Personen, die die Aussagefähigkeit der am Tatort vorgefundenen Spuren voll ausschöpfen können. Selbst wenn der Versicherungsnehmer des Betrugs nicht überführt werden kann, ist bereits viel gewonnen, wenn beim Versicherer der Verdacht auf Betrug erregt wird, der die Gesellschaft zu einer intensiven Nachforschung oder zur Leistungsverweigerung veranlaßt.

3. Das Agentenwesen

Weitere Möglichkeiten der versicherungstechnischen Bekämpfung ergeben sich auch im Bereich der Einbruchdiebstahlversicherung auf dem Gebiet des Agentenwesens. Sie wurden bei der Erörterung der Brandstiftungskriminalität ausführlich behandelt. Da sich hier keine Abweichungen ergeben, wird auf die dortigen Ausführungen verwiesen.

Viertes Kapitel

Das Versicherungsverbrechen im Bereich der Lebensversicherung

Das Versicherungsverbrechen im Bereich der Lebensversicherung, das sich in seiner stärksten Form als Versicherungsmord, das ist der Mord an einer lebensversicherten Person, darstellt, gehört zu den furchtbarsten Taten, deren der Mensch fähig ist. Wenn auch das Versicherungsverbrechen hier weitaus seltener anzutreffen ist als in anderen Versicherungszweigen, so rechtfertigt sich dennoch eine Untersuchung über seine Erscheinungsformen, Motive, Häufigkeiten und die Möglichkeiten einer versicherungstechnischen Bekämpfung, denn das dadurch hervorgerufene persönliche Leid kann unermeßlich, der finanzielle Schaden der betrogenen Versicherungsgesellschaften beträchtlich sein.

Es wurde in der Vergangenheit mehrfach erörtert, ob die Lebensversicherung nicht deshalb abgeschafft werden solle, weil sie in der Lage ist, ein Verbrechen wie den Versicherungsmord hervorzurufen. So schreibt Campbell[1] bereits im Jahre 1902: „If life insurance necessarily offers such a bribe[2], then life insurance is necessarily a thing of evil and to be condemned". Auch Arps[3] erörtert diese Frage; er weist jedoch gleichzeitig darauf hin, daß die Sozialversicherung die Simulation und in der heutigen Zeit das Vorhandensein von wilden Ehen (den sogenannten „Onkelehen") fördere; schließlich könne ein Messer seinem Benutzer eine Wunde zufügen. Niemand käme auf den Gedanken, daß deshalb die Sozialversicherung oder der Gebrauch von Messern verboten werden müsse. Ebenso sei es unsinnig, die Lebensversicherung nur deshalb abschaffen zu wollen, weil sie eine der Voraussetzungen zum Versicherungsmord sei.

I. Erscheinungsformen

1. Der Versicherungsmord

Die erste Erscheinungsform des Versicherungsverbrechens im Bereich der Lebensversicherung ist der Mord an einer versicherten Person, der Versicherungsmord. Schultz[4] bezeichnet damit die vorsätzliche Tötung eines Menschen in der Absicht, die im Todesfall auszuzahlende Versicherungssumme sich oder einem Dritten, der Bedachter ist, zu verschaffen.

---

[1] Campbell: Insurance and Crime, S. 178.
[2] Gemeint ist der Anreiz zum Versicherungsmord.
[3] Arps: Mordet die Lebensversicherung?, a.a.O., S. 266.
[4] Schultz: Versicherungsmord, S. 11.

Es müssen verschiedene Voraussetzungen gegeben sein, damit der Mord an einer lebensversicherten Person dem Mörder den erhofften Erfolg in Form der Versicherungssumme bringt. Zunächst muß das Opfer versichert sein. Dieses kann die Lebensversicherung selbst abgeschlossen haben, wobei der spätere Verbrecher als Begünstigter bestimmt wurde; der Vertrag kann aber auch von dem Mörder auf das Leben seines Opfers in der ganz bestimmten Absicht abgeschlossen worden sein, ihn später für einen Versicherungsbetrug zu mißbrauchen.

Die zweite Voraussetzung für das Gelingen des Verbrechens besteht darin, daß der Versicherte zu Tode kommen muß, ohne daß ein Mordverdacht auf den Bezugsberechtigten oder den Versicherungsnehmer fällt, denn die Vorschrift des § 170 VVG.[5] bewirkt, daß ein Mörder die versicherte Summe nicht erhält.

Der Wunsch, den Mord so auszuführen, daß der Tod des Versicherten möglichst natürlich erscheint, hat zu einer Reihe von Tattechniken geführt. Die erste Ausführungsmodalität des Verbrechens ist gegeben, wenn der Verbrecher vortäuscht, sein Opfer sei bei einem Unfall umgekommen. Ein Beispiel dafür bietet der Fall Payrleithner[6], der sich in Österreich ereignete:

Am 13. 5. 1926 stürzte der Angestellte Franz Schwarz den Zahntechniker Andreas Berger eine 36 Meter hohe Felswand hinab. Berger, der am Fuß der Felswand blutüberströmt aufgefunden wurde, starb nach vier Tagen, ohne das Bewußtsein nochmals erlangt zu haben. Sein Arbeitgeber, Karl Payrleithner, hatte eine Versicherung auf das Leben von Berger in Höhe von 60 000 Goldkronen abgeschlossen. Der Absturz wurde von den Verbrechern als Unfall hingestellt. Sie gaben an, man habe direkt am Abgrund einen Fotoapparat aufgestellt. Als der Verunglückte das Bild in der Mattscheibe habe betrachten wollen, habe er einen Fehltritt getan. In Wirklichkeit hatte Payrleithner den Berger aufgefordert, sich das Bild auf der Mattscheibe zu betrachten. Im geeigneten Augenblick, als ein anwesender, ahnungsloser Zeuge die Situation nicht überblickte, gab Schwarz dem Opfer verabredungsgemäß ein „Ruckerl", worauf Berger abstürzte.

Interessant an diesem Fall ist die Art und Weise, wie der Versicherungsvertrag zustande kam. Payrleithner hatte sich ein Antragsformular für den

---

[5] § 170 VVG. lautet: „Ist die Versicherung für den Fall des Todes eines anderen als des Versicherungsnehmers genommen, so ist der Versicherer von der Verpflichtung zur Leistung frei, wenn der Versicherungsnehmer vorsätzlich durch eine widerrechtliche Handlung den Tod des anderen herbeigeführt hat. Ist bei einer Versicherung für den Todesfall ein Dritter als Bezugsberechtigter bezeichnet, so gilt die Bezeichnung als nicht erfolgt, wenn der Dritte vorsätzlich durch eine widerrechtliche Handlung den Tod desjenigen, auf dessen Posten die Versicherung genommen ist, herbeiführt."

[6] Der Bericht ist zusammengestellt aus den Angaben von Nelken (Verbrechen und Versicherung, S. 165 ff.) und Schultz (Versicherungsmord, S. 44 ff.).

Abschluß einer Lebensversicherung schicken lassen, das er auf geschickte Art von Berger unterschreiben ließ, ohne daß dieser merkte, worum es sich handelte. Dem Versicherungsagenten und den untersuchenden Ärzten gegenüber gab sich Schwarz als Berger aus. Damit die Gesellschaft keinen Verdacht schöpfen sollte, war als Bezugsberechtigte eine angebliche Verlobte des Berger angegeben, die ebenfalls eine Helfershelferin des Payrleithner war. Als die wirkliche Verlobte des Berger von der bestehenden Lebensversicherung erfuhr, wurde das Verbrechen aufgedeckt. Payrleithner wurde zu lebenslänglicher, Schwarz zu 15 Jahren schwerer Kerkerhaft verurteilt.

Ebenfalls ein Unfall wurde in dem folgenden Fall[7] vorgetäuscht, über den die Presse vor wenigen Jahren berichtete:

In den Vereinigten Staaten schloß ein 23 Jahre alter Student eine Versicherung auf das Leben seiner Mutter in Höhe von etwa 150 000 DM ab. Er wußte, daß seine Mutter in Kürze eine Flugreise unternehmen wollte. Als ihm bekannt geworden war, welche Maschine für die Reise benutzt werden sollte, brachte er eine Höllenmaschine mit Zeitzündung an Bord. Das Flugzeug explodierte während des Fluges. Außer der Mutter des Attentäters kamen 43 Menschen ums Leben. Der Verbrecher wurde auf dem elektrischen Stuhl hingerichtet.

Bei der zweiten Ausführungsart des Versicherungsmordes täuscht der Verbrecher vor, sein Opfer sei eines natürlichen Todes gestorben, während es in Wirklichkeit durch Gift oder auf eine andere heimtückische Weise getötet wurde. Ein Beispiel für diese Tattechnik ist der Fall Hopf[8], der sich zu Beginn unseres Jahrhunderts in Frankfurt ereignete:

Am 15. 4. 1913 wurde der 50 Jahre alte Drogist Karl Hopf verhaftet; er stand unter dem Verdacht, seine erste Frau vergiftet und an seiner zweiten und dritten Frau Giftmordversuche unternommen zu haben. Nach anfänglichem Leugnen gab Hopf zu, seine dritte Frau nur deshalb geheiratet zu haben, um an ihr einen Versicherungsmord zu begehen, der ihn in den Besitz einer Versicherungssumme von 80 000 Mark bringen sollte. Nachdem Hopf seiner Frau mehrere Male Gift in Form von Arsenik in Speisen und Getränke gemischt hatte, erkrankte diese so schwer, daß sie trotz des Widerstrebens ihres Mannes in ein Krankenhaus gebracht wurde. Hopf spielte daraufhin die Rolle des besorgten Gatten, brachte seiner Frau Blumensträuße ins Krankenhaus, die, wie sich später herausstellte, mit Typhus- und Cholerabazillen infiziert waren. Die Bazillenkulturen hatte sich Hopf zu verschaffen gewußt, indem er als angeblicher Inhaber eines chemisch-

---

[7] Der Bericht wurde zusammengestellt nach den Unterlagen im Archiv des Gesamtverbandes der Versicherungswirtschaft e. V., Köln. Vergleiche insbesondere Kölner Stadtanzeiger vom 16. 11. 1955.

[8] Der Bericht ist zusammengestellt nach den Angaben von W e i c h b r o d t (Der Versicherungsbetrug, S. 84 ff.), N e l k e n (Verbrechen und Versicherung, S. 162 ff.) und S c h u l t z (Versicherungsmord, S. 28 ff.).

bakteriologischen Laboratoriums von sämtlichen Kriegsschauplätzen der Welt frische und besonders stark wirkende Krankheitserreger anforderte.

Da sich der Gesundheitszustand der Patientin nicht besserte, schöpfte der behandelnde Arzt Verdacht und benachrichtigte die Polizei. Aufgrund deren Untersuchungen wurde Hopf zu dem weiteren Geständnis gebracht, seine erste Frau vergiftet zu haben, um eine Lebensversicherungssumme von 20 000 Mark zu erhalten. Seine zweite Frau hatte er ebenfalls mit 30 000 Mark lebensversichert und zu vergiften versucht. Sie starb kurz nach der Scheidung von dem Mörder, dessen Absichten sie erkannt hatte. Hopf stand außerdem im Verdacht, sein Kind und seine Eltern ermordet zu haben. Da man ihm diese Verbrechen nicht nachweisen konnte, wurde er nur wegen Mordes an seiner ersten Frau zum Tode verurteilt.

Als weitere Beispiele seien noch die beiden folgenden Fälle berichtet. Im Jahre 1938 wurde in Wien die 41 Jahre alte Martha Marek[9] zum Tode verurteilt. Es wurde ihr nachgewiesen, daß sie ihren Mann, ihr sieben Monate altes Töchterchen und zwei Untermieterinnen mit Thallium vergiftet hatte. Sämtliche Personen waren zu ihren Gunsten lebensversichert.

Über den folgenden Fall referiert S c h u l t z[10]: Ein Arzt in Texas (USA.) wurde im Jahre 1937 zum Tode verurteilt. Er hatte einen operativen Eingriff bei seiner eigenen Frau wissentlich falsch ausgeführt, um durch ihren Tod in den Besitz einer hohen Lebensversicherungssumme zu gelangen. – Die Ehe des Arztes galt als sehr glücklich, und man hatte mit ihm allgemein Mitleid, als man erfuhr, daß seine Frau eine Entbindung nicht überlebt habe, obwohl der Ehemann in letzter Minute einen operativen Eingriff vorgenommen hatte. Angeblich aus Gram über den Tod seiner Frau gab der Arzt seine Praxis auf, um nur noch seinen wissenschaftlichen Studien zu leben. – Der Mord wäre wahrscheinlich niemals entdeckt worden, wenn nicht viele Jahre später der Arzt zu einer schwierigen Entbindung gerufen worden wäre. Schon kurz nach der ersten Hilfeleistung brach er ohnmächtig zusammen. Man schaffte ihn ins Krankenhaus, wo die dortigen Ärzte Zeugen eines unfreiwilligen Geständnisses wurden. In seiner Bewußtlosigkeit nannte der Mörder immer wieder den Namen seiner Frau. Immer wieder war auch von einer Versicherungssumme die Rede, so daß schließlich keiner der anwesenden Ärzte mehr zweifelte, daß ihr Kollege vor vielen Jahren seine Frau um der Versicherungssumme willen ermordet hatte.

Weitere Ausführungsmodalitäten sind gegeben, wenn der Mörder vortäuscht, die versicherte Person sei – beispielsweise aus Anlaß eines Raub-

---

[9] Der Bericht wurde zusammengestellt nach den Angaben von S c h u l t z (Versicherungsmord, S. 31) und Unterlagen im Archiv des Gesamtverbandes der Versicherungswirtschaft e. V., Köln. Vergleiche auch Berliner Tageblatt vom 27. 7. 1937 und 14. 9. 1937, Kölnische Zeitung vom 2. 5. 1938, Völkischer Beobachter vom 3. 5. 1938.
[10] S c h u l t z : Versicherungsmord, S. 107.

überfalles – von einem Dritten ermordet worden oder habe Selbstmord begangen.

W u l f f e n[11] berichtet von einem derartigen Fall: Eine in glücklicher Ehe lebende junge Frau suchte einen Nervenarzt auf, weil sie an ihr unerklärlichen Angstzuständen, an Lebensüberdruß und unter der steten Furcht litt, sie müsse Selbstmord begehen. Der Arzt konnte keine Ursache für diese Krankheit feststellen. Er hypnotisierte die Patientin, um auf diese Weise Aufschluß zu bekommen, hatte jedoch keinen Erfolg. – Nach einiger Zeit kam die Frau wieder und brachte in verstärktem Maße die gleichen Beschwerden vor. Dieses Mal gelang es dem Arzt, in der Hypnose die Hemmungen zu beseitigen und die Kranke zu einer Mitteilung über den wahren Sachverhalt zu veranlassen. Dabei erfuhr er folgendes: Die Patientin war von ihrem eigenen Ehemann, der ebenfalls Arzt war, hypnotisiert worden. Dieser hatte ihr suggeriert, sie müsse sich an einem bestimmten Tag, einem unwiderstehlichen Zwang folgend, das Leben nehmen. Der vorsichtige Ehemann hatte die weitere Suggestion erteilt, daß niemand außer ihm hypnotischen Einfluß über sie gewinnen könne. – Es wurde nun nachgeforscht und festgestellt, daß der stark verschuldete Ehemann das Leben seiner Frau mit einer hohen Summe versichert hatte, und zwar bei der Gesellschaft, die seinerzeit die einzige in Deutschland war, die im Falle des Selbstmordes die Versicherungsleistung erbrachte.

Das O p f e r   e i n e s   V e r s i c h e r u n g s m o r d e s ist im allgemeinen mit dem Täter verwandt. Der Mörder wählt als Opfer ein Familienmitglied aus, weil dessen Leben entweder bereits zu seinen Gunsten versichert ist oder weil der noch abzuschließende Versicherungsvertrag in diesem Fall mit den geringsten Schwierigkeiten zustande gebracht werden kann. Ein Fremder würde argwöhnisch werden, wenn ohne ersichtlichen Grund auf sein Leben eine hohe Versicherung zugunsten eines Dritten abgeschlossen werden sollte, zu deren Gültigkeit seine Einwilligung erforderlich wäre[12].

S c h u l t z[13] hat alle in den Jahren von 1930 bis 1956 bekanntgewordenen Versicherungsmorde in Deutschland und im Ausland daraufhin untersucht, in welchem persönlichen Verhältnis Mörder und Ermordeter standen. Er stellte fest, daß auf 60 Morde an Ehemännern durch die Ehefrauen nur sieben Morde an Ehefrauen durch die Ehemänner, sechs Morde an sonstigen Verwandten, vier Morde an den eigenen Kindern und drei Morde an sonstigen Personen entfallen. S c h u l t z begründet diese auffallenden Relationen damit, daß in erster Linie der Mann als Ernährer der Familie lebensversichert ist. Die Versicherung von Ehefrauen und Kindern ist aus tatsächlichen und rechtlichen Gründen seltener anzutreffen.

---

[11] W u l f f e n : Kriminalpsychologie, S. 114.
[12] Vergleiche § 159 II VVG. und die Ausführungen auf S. 85.
[13] S c h u l t z : Versicherungsmord, S. 88.

Als Beispiel für einen Versicherungsmord am eigenen Kind sei der Fall Tiltmann[14] berichtet:
Am 27. 7. 1951 vergiftete Elfriede Tiltmann gemeinschaftlich mit ihrem Geliebten Willi Othmer ihren 14 Jahre alten Sohn Martin mit einer Bleilösung; zuvor hatten die Verbrecher auf das Leben des Knaben bei drei Gesellschaften Versicherungen in Höhe von zusammen 50 000 DM abgeschlossen. Die Tiltmann hatte ihrem Sohn, der erkrankt war, das Bleiwasser als angebliche Medizin eingegeben. Die Untersuchung der Leiche ergab, daß sich im Körper des Knaben das Achtfache der Menge Blei befand, die ausreicht, um einen Menschen zu töten.

Die Besonderheit dieses Falles liegt darin, daß die Verbrecher mit ihrer Tat solange warten mußten, bis ihr Opfer das 14. Lebensjahr vollendet hatte, damit ihre Tat den angestrebten Erfolg in Form der Versicherungssumme brachte[15]. – Die Mörder standen unter dem weiteren Verdacht, auch den Ehemann der Tiltmann im Jahre 1950 ermordet zu haben; dieser war für den Fall des Todes mit 50 000 DM versichert. Beide Verbrecher wurden zu lebenslänglicher Zuchthausstrafe verurteilt.

2. Das Vortäuschen des Versicherungsfalles

Eine zweite Erscheinungsform des Versicherungsverbrechens im Bereich der Lebensversicherung ist das Vortäuschen des eigenen Todes durch den Versicherten. Der Bezugsberechtigte aus dem Vertrag, der in einem solchen Fall Helfershelfer des Betrügers ist, sorgt für die Auszahlung der Versicherungssumme und händigt sie nach Abzug seines „Honorars" dem an fremdem Ort und unter falschem Namen lebenden Verbrecher aus.

Für das Vortäuschen des Versicherungsfalles gibt es wiederum eine Reihe von Tattechniken. Der Betrüger kann dafür sorgen, daß ein **fremder Leichnam** aufgefunden und als sein eigener identifiziert wird. Da es ihm nicht möglich ist, sich ohne weiteres eine Leiche zu beschaffen, begeht er zu diesem Zweck häufig ein weiteres Verbrechen, indem er eine beliebige Person ermordet, die ihm in Figur und Aussehen gleicht. Es seien zwei derartige Fälle berichtet, die sich kurz nacheinander zutrugen.

Der Fall Tetzner[16] ereignete sich im Jahre 1929 im Vogtland/Sachsen. Passanten fanden in einem ausgebrannten Auto eine verkohlte Leiche. An

---

[14] Der Bericht wurde zusammengestellt nach Angaben von S c h u l t z (Versicherungsmord, S. 32 ff., 47 ff., 58 ff.) und Unterlagen im Archiv des Gesamtverbandes der Versicherungswirtschaft e. V., Köln. Vergleiche insbesondere Kölnische Rundschau vom 7. 8. 1951 und Die Welt vom 7. 8. 1951.

[15] Bei der Lebensversicherung von Kindern wird die volle Versicherungssumme erst nach der Vollendung des 14. Lebensjahres ausgezahlt. Vergleiche die Ausführungen über die versicherungstechnische Bekämpfung (Seite 86 ff.).

[16] Der Bericht ist zusammengestellt nach den Angaben von S c h u l t z (Versicherungsmord, S. 50) nach Unterlagen in „Kriminalistische Monatshefte" (1935, S. 229) und nach Pressenotizen, die sich im Archiv des Gesamtverbandes der Versicherungswirtschaft e. V., Köln befinden.

Hand des Nummernschildes wurde als Eigentümer des Wagens ein Kaufmann mit Namen Kurt Tetzner ermittelt. Dessen Ehefrau identifizierte den Toten als ihren Mann. Die Leiche wurde begraben. Als die „Witwe" von einer Lebensversicherungsgesellschaft die Auszahlung von 143 000 Mark forderte, erschien dieser Gesellschaft die Angelegenheit verdächtig, so daß sie weitere Nachforschungen anstellte; in deren Verlauf wurde Tetzner in Straßburg entdeckt, wo er unter dem Namen Sranelli lebte. Er gestand, einen Wanderburschen ermordet zu haben, den er auf der Straße mitgenommen hatte. Tetzner hatte den Burschen in seinem Wagen erdrosselt, daraufhin das Fahrzeug vorsichtig gegen einen Baum gefahren, mit Benzin übergossen und angezündet. Danach war er nach Straßburg geflohen, wo er seine Frau erwartete, die in die Mordpläne eingeweiht war. Tetzner wurde zum Tode verurteilt.

Ein knappes Jahr später geschah in Ostpreußen ein ähnliches Verbrechen[17], das durch die Hinrichtung des Kaufmanns Saffran und seines Komplizen Kipnick gesühnt wurde. Wahrscheinlich wurden die beiden Verbrecher durch den Strafprozeß gegen Tetzner zu ihrer Tat angeregt. Saffran war für den Fall des Todes bei fünf verschiedenen Gesellschaften mit einer Summe von insgesamt 200 000 Mark versichert. Zusammen mit seinem Prokuristen Kipnick veranstaltete er in seinem Auto regelrechte Menschenjagden. Eines Abends brachten sie die Leiche eines Ermordeten – auf welche Weise der Mord begangen wurde, konnte niemals geklärt werden – in das Geschäftshaus der Verbrecher. Dort legten sie dem Toten den Schmuck des Saffran an und steckten daraufhin das Haus in Brand, um so vorzutäuschen, der Versicherte sei in den Flammen umgekommen.

Auf welche Weise es anderen Versicherungsbetrügern gelungen ist, ihren Tod durch Unterschieben fremder Leichen vorzutäuschen, mögen die beiden nächsten Fälle zeigen.

Ein seinerzeit bekannter spanischer Alpinist mit Namen Palomas[18] fand auf einer seiner Bergtouren in den Pyrenäen durch Zufall die Leiche eines abgestürzten Bergsteigers. Er legte dem Toten seine Kleider an, um so vorzutäuschen, er selbst sei tödlich verunglückt. Auf diese Weise wollte er seiner Geliebten eine Versicherungssumme von 500 000 Peseten zukommen lassen.

Conen[19] berichtet über folgenden Vorfall: Ein Kaufmann zündete sein Haus an in der Absicht, einen Brandversicherungsbetrug zu begehen. Damit nicht zufrieden, täuschte er vor, selbst bei dem Brand umgekommen

---

[17] Der Bericht ist zusammengestellt nach den Angaben von S c h u l t z (Versicherungsmord, S. 50) und Unterlagen im Archiv des Gesamtverbandes der Versicherungswirtschaft e. V., Köln.

[18] Unterlagen über den Fall Palomas befinden sich im Archiv des Gesamtverbandes der Versicherungswirtschaft e. V., Köln. Vergleiche Das 12 Uhr-Blatt, Berlin vom 13. 3. 1942.

[19] C o n e n : Vortäuschungen . . ., a.a.O., S. 158.

zu sein. Die Polizei fand in den Trümmern des Hauses verkohlte Reste einer menschlichen Leiche. Ein Teil der gefundenen Knochen war mit Drähten verbunden. Als sich herausstellte, daß einem in der Nähe wohnenden Arzt wenige Tage zuvor ein Skelett gestohlen worden war, wurde der Betrüger, der bald ausfindig gemacht werden konnte, verhaftet. Er gestand, der Dieb des Skeletts zu sein, mit dessen Hilfe er seinen Lebensversicherer um eine bedeutende Summe hatte betrügen wollen.

Der eigene Tod kann auch vorgetäuscht werden, indem der Versicherte unter mehr oder weniger geheimnisvollen Umständen v e r s c h w i n d e t, untertaucht. Ein Helfershelfer sorgt dafür, daß der Verschollene für tot erklärt wird, behebt die Versicherungssumme und trifft sich danach mit dem Betrüger an einem vereinbarten Ort. – Nach N e l k e n[20] ist bei dieser Tattechnik der vorgetäuschte Tod durch Ertrinken die am meisten gebrauchte Methode. Als Beispiel soll der Fall Iwersen[21] berichtet werden:

Über das Vermögen des Kaufmanns Fritz Iwersen wurde im Jahre 1952 der Konkurs eröffnet. Dabei stellte sich heraus, daß erhebliche Geldbeträge veruntreut worden waren. Offenbar um seine drängenden Gläubiger befriedigen zu können, kam Iwersen auf den Gedanken, einen groß angelegten Versicherungsbetrug zu begehen. Sein Leben war mit 300 000 DM versichert. – Als er sich eines Tages im Freibad in Laboe aufhielt, äußerte er zu einem Bademeister, er wolle zur gegenüberliegenden Küste der Kieler Förde schwimmen. Nach diesem Gespräch wurde Iwersen nicht mehr gesehen.

Die Begünstigte aus dem Versicherungsvertrag – nach einem Teil der Berichte seine Ehefrau, nach einem anderen Teil seine Geliebte – konnte allerdings nicht erreichen, daß die Gesellschaft die Versicherungssumme auszahlte, da die Leiche des Verunglückten nicht aufgefunden wurde. Iwersen war in Wirklichkeit nicht ertrunken, sondern an einer anderen Stelle an die Küste zurückgeschwommen, wo er vorsorglich Kleider hingelegt hatte. Daraufhin hielt er sich in Hamburg bei einem Freund verborgen. Durch die Aufmerksamkeit einer Telefonistin konnte sein Versteck ermittelt werden.

Einen anderen Abgang verschaffte sich im Jahre 1925 der Kaufmann Theodor Porté[22], der seinerzeit in Sportkreisen als guter Skiläufer bekannt war. Nachdem er bei drei Gesellschaften Lebens- und Unfallversicherungen in Höhe von 100 000 Mark abgeschlossen hatte, täuschte er einen

---

[20] N e l k e n : Verbrechen und Versicherung, S. 151.
[21] Der Bericht ist zusammengestellt nach den Angaben von S c h u l t z (Versicherungsmord, S. 51) und Unterlagen im Archiv des Gesamtverbandes der Versicherungswirtschaft e. V., Köln. Vergleiche insbesondere Kölnische Rundschau vom 2. 11. 1952, Zeitschrift für Versicherungswesen 1952, Nr. 9, und Die Welt vom 12. 5. 1953.
[22] Der Bericht ist zusammengestellt nach den Angaben von N e l k e n (Verbrechen und Versicherung, S. 155) und W e i c h b r o d t (Der Versicherungsbetrug, S. 83).

Skiunfall mit tödlichem Ausgang vor. In der unmittelbaren Nähe einer tiefen Gletscherspalte legte er seine beschädigten Skier und einen Skistock in den Schnee und floh danach ins Ausland. Die Rettungsmannschaft, die nach dem Verschollenen suchte, fand die Gegenstände und nahm an, Porté sei in die Spalte gestürzt und dort umgekommen. Als der Betrüger verhaftet wurde, hatte seine Frau, die Mitwisserin war, bereits versucht, die versicherten Beträge zu erhalten.

Schließlich kann der Tod des Versicherten durch eine U r k u n d e n - f ä l s c h u n g vorgetäuscht werden. Der Fall Findley[23], der sich in den Vereinigten Staaten zugetragen hat, ist ein Beispiel für diese Art des Versicherungsbetruges:

Ein Mister Findley, der vorgab, in Kürze eine Seereise zu unternehmen, schloß zugunsten seines Freundes Dickinson eine Lebensversicherung in Höhe von 100 000 Dollar ab. Findley begab sich an Bord eines Luxusschiffes. Eines Abends wurde er vermißt; alles deutete darauf hin, daß er über die Reling ins Meer gestürzt war. Im Verlauf der angesetzten Rettungsaktion konnte eine weiße Smokingjacke aus dem Wasser geborgen werden, die offenbar Findley gehörte. Von dem Passagier selbst fehlte jede Spur. Allgemein wurde angenommen, er sei ertrunken. – Nach der Landung des Schiffes vergingen Monate, ehe sich der Begünstigte Dickinson meldete und die Versicherungssumme in Empfang nahm. – Durch einen Zufall stellte sich der wahre Sachverhalt heraus. Findley und Dickinson waren identisch. Auf der Seereise hatte der Betrüger seine weiße Smokingjacke ins Meer geworfen und sich daraufhin in der Kabine eines Komplizen versteckt gehalten; er wollte vortäuschen, ertrunken zu sein. Nach der Landung ließ er geraume Zeit verstreichen, in der er sein Aussehen durch Gesichtsoperationen und Bartwuchs veränderte, um alsdann mit gefälschten Papieren als Dickinson aufzutreten und die Versicherungssumme einzustreichen.

Versicherungsbetrügereien mit Hilfe von Urkundenfälschungen werden häufig von Angestellten und Mitarbeitern von Lebensversicherungsgesellschaften begangen. Die Betrüger versichern fingierte Personen, deren Tod nach kurzer Versicherungsdauer mit gefälschten Sterbeurkunden nachgewiesen wird. Da sie mit den büromäßigen Vorgängen vertraut sind, die mit dem Eintritt des Versicherungsfalles verbunden sind, können sie im allgemeinen ohne Schwierigkeit die Auszahlung der versicherten Beträge veranlassen.

Das genaue Ausmaß der Kriminalität dieser Art läßt sich nicht feststellen, da nur ein Bruchteil der Betrugsfälle der Öffentlichkeit bekannt wird. Da im allgemeinen längere Zeit verstreicht, bis ein derart betrügerisches

---

[23] Unterlagen über diesen Fall befinden sich im Archiv des Gesamtverbandes der Versicherungswirtschaft e. V., Köln. Vergleiche Hamburger Fremdenblatt vom 27. 10. 1935, Hannoverscher Kurier vom 7. 10. 1937 und Berliner Lokal-Anzeiger vom 29. 8. 1941.

Verhalten eines Angestellten oder Mitarbeiters erkannt wird, fallen den Verbrechern erhebliche Beträge zu. So gelang es in einem Fall[24] dem Angestellten einer Gesellschaft, 414 Versicherte „sterben zu lassen" und sich dadurch einen Betrag von 415 000 Mark an Versicherungssummen zu verschaffen.

3. Dissimulation des Selbstmordes

Eine weitere Form des Versicherungsverbrechens im Bereich der Lebensversicherung liegt vor, wenn im Falle des Selbstmordes[25] vorgetäuscht wird, daß der Versicherte auf andere Weise als durch einen im vollen Besitz der geistigen Kräfte begangenen Selbstmord zu Tode gekommen sei. Eine solche Täuschungshandlung, die von dem Selbstmörder oder von dritten Personen begangen werden kann, hat zum Ziel, einen Versicherer zur Leistung zu veranlassen, der im Falle der Selbsttötung aufgrund von § 169 VVG.[26] oder wegen der noch nicht abgelaufenen, in der Selbstmordklausel bestimmten Karenzzeit leistungsfrei ist.

Als Beispiel für diese Art des Versicherungsbetruges sei der folgende Fall[27] berichtet: Ein Getreidehändler, der allgemein als reich galt, wurde mit einer Schußwunde im Kopf tot auf einer Brücke aufgefunden, die über einen tiefen und reißenden Fluß führte. Seine Kleidung, insbesondere seine Taschen waren aufgerissen, Brieftasche, Uhr und Uhrkette fehlten. Da man auch keine Schußwaffe fand, vermutete man, daß der Händler das Opfer eines Raubmordes geworden sei. Dem Richter, der den Tatort untersuchte, fiel auf, daß das hölzerne, verwitterte Brückengeländer in der Nähe der Stelle, wo die Leiche lag, eine frische Beschädigung aufwies. Es

---

[24] Nach einem Bericht im Archiv des Gesamtverbandes der Versicherungswirtschaft e. V., Köln.
[25] Der Selbstmord als solcher ist kein Versicherungsverbrechen, obwohl der Versicherte den Versicherungsfall vorsätzlich herbeiführt, und zwar häufig – beim altruistischen Selbstmord – in der bestimmten Absicht, die Versicherungssumme irgendwelchen Personen zukommen zu lassen. Die Mehrzahl der Lebensversicherer hat die nicht zwingende Vorschrift des § 169 VVG. durch die sogenannte Selbstmordklausel ausgeschlossen. Nach dieser Klausel ist der Versicherer auch dann zur Leistung verpflichtet, wenn der Versicherungsfall nach Ablauf einer Karenzzeit von zwei, drei oder fünf Jahren durch Selbstmord vorsätzlich herbeigeführt wird. Die Auszahlung der Versicherungssumme stellt dann eine vertragsmäßige Leistung des Versicherers dar; sie wurde nicht durch eine betrügerische Handlung des Versicherten oder eines Dritten, also nicht durch ein Versicherungsverbrechen veranlaßt.
[26] § 169 VVG. lautet:
„1. Bei einer Versicherung für den Todesfall ist der Versicherer von der Verpflichtung zur Leistung frei, wenn derjenige, auf dessen Person die Versicherung genommen ist, Selbstmord begangen hat.
2. Die Verpflichtung des Versicherers bleibt bestehen, wenn die Tat in einem die freie Willensentschließung ausschließenden Zustand krankhafter Störung der Geistestätigkeit begangen worden ist."
[27] Der Bericht ist zusammengestellt nach den Angaben von Nelken (Verbrechen und Versicherung, S. 157 ff.) und Schultz (Versicherungsmord, S. 52).

sah so aus, als ob ein harter Gegenstand ins Wasser geworfen worden wäre, der dabei das Brückengeländer gestreift und beschädigt hatte. Man untersuchte von einem Kahn aus das Flußbett und förderte bald eine etwa vier Meter lange Schnur zutage, an deren einem Ende ein großer Stein befestigt war. Am anderen Ende der Schnur befand sich eine Pistole, in deren Lauf die im Kopf des Toten gefundene Kugel paßte.

Nun bestand kein Zweifel mehr, daß der Händler Selbstmord begangen hatte. Er hatte den Stein über das Brückengeländer gehängt und sich dann erschossen. Das Gewicht des Steines hatte die Pistole aus der leblosen Hand des Selbstmörders in das Wasser gezogen; dabei war das Geländer beschädigt worden. Der Händler, der in schlechte finanzielle Verhältnisse geraten war, hatte deshalb einen Raubüberfall vorgetäuscht, weil die Gesellschaft, bei der er eine hohe Lebensversicherung abgeschlossen hatte, nach den vertraglichen Bestimmungen im Falle des Selbstmordes leistungsfrei war.

Das betrügerische Vortäuschen eines Unfalles bei einem Selbstmord des Versicherten kann auch bezwecken, dem Begünstigten aufgrund einer sogenannten Unfalltod-Zusatzversicherung den zweifachen Betrag der Versicherungssumme zuzuführen. Bei der genannten Versicherungsform wird im allgemeinen die doppelte Versicherungssumme ausgezahlt, wenn der Versicherte vor Erreichen des 65. Lebensjahres durch einen Unfall getötet wird. Das mit der Zusatzversicherung verbundene Prämienopfer ist verhältnismäßig gering, so daß die Unfalltod-Zusatzversicherung weit verbreitet ist.

4. Versicherungsmörderbanden

Versicherungsmorde werden – wie die meisten Verbrechen – von Zeit zu Zeit von Verbrecherbanden begangen. Es sind zwar keine Fälle bekanntgeworden, in denen in Deutschland derartige Mörderbanden ihr Unwesen trieben, doch scheint Amerika auch in dieser Beziehung das Land der unbegrenzten Möglichkeiten zu sein. So zitiert N e l k e n[28] einige Ausführungen des Schriftstellers A b e l s[29]: „Darf man den neuesten Berichten über den Kinderhandel und die ‚Engelmacherei' in Amerika voll und ganz trauen, dann muß man sich schaudernd fragen, wie solche Verbrechen in unserer Zeit möglich sind. So ergaben jüngst Ermittlungen in New York, daß jährlich etwa 12 000 Geburten nicht angemeldet werden. Auf zirka 20 sogenannten Babyfarms sollen monatlich 500 bis 600 Kinder, durchweg Neugeborene den Tod finden . . . Die Eltern und die ‚Engelmacherinnen' sollen öfters insofern Hand in Hand arbeiten, als erstere zunächst ihre Nachkommen in eine Versicherung einkaufen und sie dann nach Ablauf der Karenzzeit der ‚Klinik' des ‚Etablissements' zum ‚Beiseitelegen' überantworten . . ."

---

[28] N e l k e n: Verbrechen und Versicherung, S. 161 ff.
[29] N e l k e n gibt die Fundstelle des Zitats von A b e l s nicht bekannt.

Berichte über ähnliche Massenverbrechen, die sich im Vorderen Orient ereignet haben, befinden sich im Archiv des Gesamtverbandes der Versicherungswirtschaft e. V., Köln[30].

5. Die Indizien für das Versicherungsverbrechen

Ähnlich wie für den Brandversicherungsbetrug läßt sich auch für das Versicherungsverbrechen im Bereich der Lebensversicherung eine Reihe von Indizien aufstellen. Die Erscheinungsformen sind hier jedoch wesentlich vielfältiger als dort; es gibt keinen typischen Verbrechensablauf wie beim Brandversicherungsbetrug. Der Katalog der Indizien wird deshalb beschränkter sein, und die näheren Umstände des Einzelfalles erhalten besondere Bedeutung.

Einen Hinweis auf ein begangenes Verbrechen können die besonderen Umstände des Versicherungsverhältnisses geben. Der Betrüger schließt den für sein Verbrechen benötigten Lebensversicherungsvertrag häufig erst kurze Zeit vor Ausführung der geplanten Tat ab, da die sehr hohe Versicherungssumme eine hohe Prämie bedingt, die er über längere Zeit hinweg zu zahlen nicht in der Lage ist. – Die Höhe von Versicherungssumme und Prämie steht im allgemeinen in keinem Verhältnis zu den wirtschaftlichen Bedürfnissen des Begünstigten und zu den Einkommens- und Vermögensverhältnissen des Versicherungsnehmers. Um solche Mißverhältnisse nicht offenbar werden zu lassen, schließt der Betrüger bei mehreren Gesellschaften Versicherungen mit geringen Summen ab, ohne die einzelnen Versicherer vom Bestehen der übrigen Verträge zu unterrichten.

Der Zeitabstand zwischen dem Eintritt des Versicherungsfalles und der nächsten Prämienfälligkeit kann ein weiteres Anzeichen für eine betrügerische Handlung sein. Da jede Prämienzahlung ein finanzielles Opfer für den Verbrecher bedeutet, das seinen Gewinn schmälert, begeht er die Tat kurz vor einem Fälligkeitstermin. Oft sieht er sich zu einem solchen Tun geradezu gezwungen, da er den in Kürze fällig werdenden Prämienbetrag nicht aufbringen kann.

Indizien für ein Versicherungsverbrechen ergeben sich schließlich aus der Art und Weise, wie die ausgezahlte Versicherungssumme verwendet wird. Sobald der Betrüger im Besitz des ersehnten Geldbetrages ist, befriedigt er seinen Egoismus, indem er Luxusgegenstände kauft oder Reisen unternimmt, statt die Versicherungssumme – dem Sinn einer Lebensversicherung entsprechend – zur Bestreitung seines Lebensunterhaltes in den kommenden Jahren zu verwenden.

II. Motive

Die Motive für das Versicherungsverbrechen im Bereich der Lebensversicherung treten vorwiegend als sogenannte Motivbündel auf und gehören

---

[30] Vergleiche insbesondere Schlesische Zeitung, Breslau, vom 19. 5. 1938 und Die Nachtausgabe vom 8. 5. 1938.

im allgemeinen dem Affekt der Habsucht[31] und dem Affekt der Ehrsucht[31] an. Zum Komplex des Habsuchtaffektes zählen Habgier, Eigennutz, Gewinnsucht und Geiz, zu dem des Ehrsuchtaffektes Ehrgeiz, Ehrsucht, Herrschsucht, Eitelkeit, Gefallsucht und Geltungstrieb.

Andere Motive als die genannten können hinzutreten, sind aber durchweg von untergeordneter Bedeutung. Im Fall Tiltmann[32] kann beispielsweise die Liebe zu Othmer ein Teilmotiv für die Tat der Mörderin gewesen sein; sicher war aber auch hier die Habgier der dominierende Beweggrund, denn im Gegensatz zu dem - vermutlich - begangenen Mord an dem Ehemann der Tiltmann erschiene sonst der Versicherungsmord an dem vierzehnjährigen Martin nicht verständlich.

Anlaß zum Verbrechen ist in der Mehrzahl der Fälle eine dauernde oder vorübergehende wirtschaftliche Notlage des Betrügers mit den üblichen Begleitumständen, wie Pfändung, Zwangsvollstreckung und ähnlichen. Oft spielen hier jedoch auch Zufälle eine entscheidende Rolle; so war beispielsweise im Fall Palomas[33] das zufällige Auffinden des verunglückten Bergsteigers Anlaß zum Versicherungsbetrug.

Zusammenfassend kann bei einem Vergleich des Versicherungsverbrechens im Bereich der Feuerversicherung und dem im Bereich der Lebensversicherung gesagt werden, daß hier Tattechniken und Anlässe mannigfaltiger sind als dort. Dagegen treten dort Motive aus allen Bereichen des menschlichen Empfindens auf, während hier im wesentlichen die Motive Habsucht und Ehrsucht vorherrschen.

Es sei noch ein Wort über die P e r s o n   d e s   V e r s i c h e r u n g s m ö r d e r s gesagt und eine Reihe von Meinungen über diesen Verbrechertypus angeführt. N e l k e n[34] schreibt über ihn: „Der Versicherungsmord ist ein Verbrechen auf lange Sicht. Hat der Versicherungsmörder den Entschluß gefaßt, daß sein Weib oder sein Kind ihn in den Besitz großer Geldmittel bringen müssen, dann geht er ruhig, logisch und sachlich zu Werke. Er schließt auf das Leben seines Opfers eine hohe Versicherung ab, bezahlt regelmäßig die Prämien und schreitet oftmals erst nach Jahr und Tag zur unseligen Tat, kühl, überlegen und geschäftsmäßig wie zu Anbeginn. Niemals wird er im Zusammenleben mit seinem Opfer sich verraten, niemals es an scheinbarer Zärtlichkeit fehlen lassen. Und doch bedeutet dieser Mensch, der mit ihm lebt und für ihn sorgt, nichts weiter für ihn als eine Summe. Er weiß sie am Verfalltage einzulösen". S a u e r[35] sieht die Tat des Versicherungsmörders deshalb als besonders verwerflich an, weil der Täter einen Menschen um des schnöden Gewinns willen umbringt, wobei

---
[31] Diese Begriffe sind bei W u l f f e n (Kriminalpsychologie, S. 87) entnommen.
[32] Vergleiche Seite 73.
[33] Vergleiche Seite 76.
[34] N e l k e n : Verbrechen und Versicherung, S. 160.
[35] S a u e r : Kriminalsoziologie, Band II, S. 221.

es ihm im übrigen gleichgültig ist, welchen Menschen er tötet. Sein Opfer ist eine vertretbare Größe. S a u e r fordert deshalb, daß der Versicherungsmörder schwerer zu bestrafen sei als jeder andere Mörder.

N e l k e n[36] ist dazu der Meinung, daß man jedem Mördertyp gewissermaßen eine versöhnliche Seite abgewinnen oder Umstände herausfinden könne, die seine Tat in milderndem Licht erscheinen lassen. Diese Ansicht ist meines Erachtens berechtigt, denn man wird einen Mörder, der sein Verbrechen infolge einer krankhaften Veranlagung im Blutrausch oder in der Konsequenz einer menschlichen Leidenschaft begeht, milder beurteilen als den Versicherungsmörder.

Der Versicherungsmörder ist feige, weil sich sein ahnungloses Opfer gegen seinen Angriff nicht wehren kann, er ist gemein, wenn er sein Opfer in der eigenen Familie sucht. Das geschäftsmäßige Abwägen von Aufwand und Ertrag seiner Tat stempelt ihn zum Verbrecher übelster Art. Häufig weist er eine hohe Intelligenz auf; er bedarf ihrer, um seinen wohlausgeklügelten und in langer Vorbereitungszeit erdachten Plan durchzuführen.

III. Häufigkeiten

Über die Häufigkeiten des Versicherungsverbrechens im Bereich der Lebensversicherung lassen sich keine genauen Angaben machen, da Statistiken über diese Art der Kriminalität weder bei den einzelnen Versicherungsgesellschaften noch bei den Verbänden der Versicherungswirtschaft[37] geführt werden. Die Bundeskriminalstatistik versagt aus den bei der Erörterung der Brandstiftungskriminalität genannten Gründen[38]. Diese Unzulänglichkeit ist eine Folge der zahlreichen Erscheinungsformen des Versicherungsverbrechens, die die statistische Erfassung erschweren.

Um wenigstens eine Vorstellung von dem Ausmaß der vorliegenden Kriminalität geben zu können, habe ich alle mir bekanntgewordenen Fälle von Lebensversicherungsverbrechen[39] zusammengestellt, die sich in den Jahren 1930 bis 1956 in Deutschland ereignet haben. Die gewonnenen Zahlen sind allerdings nur bedingt geeignet, die absoluten Häufigkeiten des Versicherungsverbrechens anzugeben. Die latente Kriminalität, die nicht zu gering geschätzt werden darf, ist nicht berücksichtigt. — Eine Schwierigkeit in der Erfassung tritt dadurch auf, daß in vielen Mordfällen das Vorhandensein einer Lebensversicherung den Täter neben vielleicht stärkeren Motiven

---

[36] N e l k e n : Verbrechen und Versicherung, S. 160.
[37] Befragt wurden der Gesamtverband der Versicherungswirtschaft e. V., Köln, der Verband der Lebensversicherungsunternehmen e. V., Bonn und mehrere große deutsche Lebensversicherer.
[38] Vergleiche Seite 34 f.
[39] Diese Fälle sind zum Teil in dem im Literaturverzeichnis angegebenen Schrifttum, zum Teil im Archiv des Gesamtverbandes der Versicherungswirtschaft e. V., Köln enthalten.

zu seiner Tat geführt hat; oft tötet der Mörder sein Opfer aus Eifersucht, Überdruß oder anderen Motiven, liquidiert aber gleichzeitig auch die auf das Leben des Getöteten zu seinen Gunsten abgeschlossene Versicherung. Die Entscheidung, ob in diesen Fällen ein Versicherungsmord vorliegt oder nicht, ist schwierig, so daß solche Verbrechen in die Aufstellung nicht übernommen wurden. – Eine weitere Fehlerquelle wird durch die beschränkte Berichterstattung in den Kriegs- und Nachkriegsjahren bedingt. Nicht berücksichtigt sind schließlich die von Mitarbeitern der Gesellschaften begangenen Versicherungsbetrügereien. Die folgenden Zahlen mögen deshalb nur mit Vorbehalten verstanden werden.

Für den genannten Zeitraum wurden mir insgesamt 51 Fälle von Versicherungsverbrechen bekannt. In 42 dieser Fälle sollten Lebensversicherungsgesellschaften um 2,135 Millionen Mark betrogen werden; in neun Fällen konnte der entsprechende Betrag nicht festgestellt werden.

Dreißig der 51 Versicherungsverbrechen wurden in Form des Versicherungsmordes begangen. Einundzwanzigmal wurde der Tod des Versicherten durch Unterschieben einer Leiche, durch Verschollenheit oder durch Urkundenfälschung vorgetäuscht.

Da man ohne weiteres davon ausgehen kann, daß die tatsächliche Kriminalität erheblich höher ist, als es diese Zahlen andeuten, ergibt sich ein umfangreiches Aufgabengebiet für die Verbrechensbekämpfung, deren versicherungstechnische Seite von besonderer Bedeutung ist, da ein Teil ihrer Maßnahmen hervorragend präventiv wirken kann, indem er den Anreiz zur Tat nimmt.

IV. Versicherungstechnische Bekämpfung

1. Bedingungswerk

Die Lebensversicherung ist eine Summenversicherung; bei Eintritt des Versicherungsfalles wird eine im voraus festgesetzte Geldsumme ausgezahlt. Der Versicherungsfall braucht nicht notwendigerweise ein Schaden[40] zu sein, der die Höhe der Versicherungsleistung, der Entschädigung, bestimmt. Die Möglichkeiten, das Verbrechen durch eine zweckmäßige Gestaltung der Versicherungsbedingungen zu bekämpfen, sind aus diesem Grunde beschränkt. Der Teil der Bedingungen, der verhindern soll, daß der Versicherte einen besonders hohen Schaden herbeiführt oder vortäuscht, fehlt im Bereich der Lebensversicherung. Der andere, der Verbrechensbekämpfung dienende Teil des Bedingungswerkes, der den Anreiz zur betrügerischen Vortäuschung oder vorsätzlichen Herbeiführung des Versicherungsfalles beseitigen soll, ist für die Lebensversicherung – im Gegensatz

---

[40] Der Ausdruck „Schaden" ist im Bereich der Lebensversicherung oft unrichtig. Durch den Versicherungsfall tritt im allgemeinen kein Schaden, sondern ein Geldbedarf ein.

zu anderen Versicherungszweigen – bereits ausführlich im VVG. geregelt. Obwohl gesetzliche Vorschriften begrifflich nicht zur versicherungstechnischen Bekämpfung gehören, seien sie hier erwähnt, da sie an Stelle der bei ihrem Fehlen notwendig gewordenen Bestimmungen der Versicherungsbedingungen stehen.

Verbrechenshemmend wirkt vor allem die Vorschrift des § 170 VVG.[41]. Er besagt in seinem ersten Abschnitt, daß der Versicherer von der Verpflichtung zur Leistung frei wird, wenn – sofern diese Personen nicht identisch sind – der Versicherungsnehmer den Tod des Versicherten vorsätzlich durch eine widerrechtliche Handlung, beispielsweise durch einen Mord, herbeiführt. Die Leistungsfreiheit besteht ohne Rücksicht darauf, ob der Versicherungsnehmer oder eine andere Person aus dem Vertrag bezugsberechtigt ist.

Im zweiten Abschnitt des § 170 VVG. ist die Bestimmung enthalten, daß die Bezeichnung des Bezugsberechtigten als nicht erfolgt gilt, wenn dieser den Tod des Versicherten vorsätzlich durch eine widerrechtliche Handlung herbeiführt. Der Versicherer bleibt im Falle eines Versicherungsmordes zwar zur Leistung verpflichtet, jedoch nicht mehr dem Bezugsberechtigten, sondern den Erben des Getöteten gegenüber, zu denen der Mörder gemäß § 2339 BGB. nicht gehört.

Zu den gesetzlichen Vorschriften, die das Versicherungsverbrechen zu bekämpfen geeignet sind, gehört ferner der § 159 II VVG.[42]. Er sieht vor, daß eine Versicherung auf fremdes Leben nur mit der Einwilligung des Versicherten möglich ist, sofern die Versicherungssumme den Betrag der gewöhnlichen Beerdigungskosten übersteigt. Diese Bestimmung soll es dem Betrüger erschweren, die zu seinem Verbrechen erforderliche Lebensversicherung zustandezubringen. Sofern sich der Versicherungsabschluß nicht als ein Akt der Fürsorge darstellt, wird der zu Versichernde keinen Grund für eine derartige Maßnahme erkennen und seine Einwilligung verweigern. Die Vorschrift des § 159 II VVG. ist andererseits die Ursache dafür, daß der Versicherungsmörder sein Opfer vorwiegend aus dem Kreis seiner Familie auswählt. Kraft seiner Autorität oder infolge eines wirklichen Bedürfnisses nach einer Lebensversicherung erreicht er, daß die zu versichernde Person dem Vertragsabschluß zustimmt.

Im Rahmen der eigentlichen Versicherungsbedingungen sind der § 11 der Allgemeinen Versicherungsbedingungen der Kapitalversicherung auf den Todesfall[43] beziehungsweise der § 9 der Allgemeinen Versicherungsbedin-

---

[41] Vergleiche den Wortlaut des § 170 VVG. in Fußnote 5 auf Seite 71.
[42] § 159 II VVG. lautet: „Wird die Versicherung für den Fall des Todes eines anderen genommen und übersteigt die vereinbarte Leistung den Betrag der gewöhnlichen Beerdigungskosten, so ist zur Gültigkeit des Vertrages die schriftliche Einwilligung des anderen erforderlich . . ."
[43] Einheitsbedingungen des früheren Verbandes der deutschen Lebensversicherungsgesellschaften.

gungen der Lebensversicherung[44] in der Lage, den Anreiz zum Versicherungsbetrug zu beseitigen. Nach diesen Vertragsbestimmungen ist derjenige, der aus dem Versicherungsverhältnis eine Leistung fordert, verpflichtet, eine amtliche Sterbeurkunde und ein ausführliches Zeugnis des Arztes beizubringen, der den Verstorbenen zuletzt behandelt hat. Hat eine solche Behandlung nicht stattgefunden, ist ein anderes ärztliches oder amtliches Zeugnis vorzulegen, das über die Todesursache, den Beginn und den Verlauf der tödlichen Krankheit des Versicherten oder über die näheren Umstände des Todes Auskunft gibt. Darüber hinaus ist der Versicherer berechtigt, weitere Nachweise zu fordern oder selbst Erhebungen anzustellen. Diese Bedingungen erschweren die Ausführung des Versicherungsverbrechens erheblich und wirken dadurch verbrechenshemmend.

Die Gesellschaften bieten häufig Versicherungsschutz an, dessen besondere Art einen starken Anreiz zum Versicherungsbetrug ausübt; es ist zu erörtern, ob solche Versicherungsformen und -bedingungen im Interesse der versicherungstechnischen Verbrechensbekämpfung nicht beseitigt oder auf solche Fälle beschränkt werden sollten, in denen nach ihnen ein wirkliches Bedürfnis besteht.

Eine dieser häufig zum Versicherungsbetrug führenden Versicherungsformen ist die bereits erwähnte **Unfalltod-Zusatzversicherung**. Ein wirtschaftliches Bedürfnis für den Abschluß dieser Zusatzversicherung besteht nicht in allen Fällen. Es ist häufig kein Grund zur Annahme vorhanden, daß der durch das Ableben des Versicherten bei den Hinterbliebenen entstehende Geldbedarf unterschiedlich groß sein soll, je nachdem, ob der Versicherte durch einen Unfall getötet wird oder eines natürlichen Todes stirbt. Die in Aussicht gestellte zweifache Versicherungssumme bildet zweifellos einen Anreiz zum Versicherungsbetrug in der Form, daß ein Unfalltod des Versicherten vorgetäuscht wird, wo eine andere Todesursache (Krankheit, Mord, Selbstmord) gegeben ist. Im Interesse der Verbrechensbekämpfung ist zu fordern, daß der Versicherer beim Abschluß von Unfalltod-Zusatzversicherungen untersucht, ob ein wirtschaftliches Interesse des Bezugsberechtigten für diese Art der Sicherung in größerem Umfang vorhanden ist. Das wirtschaftliche Bedürfnis ist im allgemeinen gegeben, wenn der Versicherte jung ist und den Aufbau seiner Existenz noch nicht abgeschlossen hat. Mit zunehmendem Alter des Versicherten und der damit ansteigenden Sterbewahrscheinlichkeit wird das objektive Interesse an einer Unfalltod-Zusatzversicherung geringer.

Im Bereich der **Lebensversicherung für Kinder** sind gegenwärtig ebenfalls Versicherungsbedingungen und -formen vorhanden, die den Möglichkeiten einer versicherungstechnischen Bekämpfung des Ver-

---

[44] Bedingungen des Verbandes der Lebensversicherungsunternehmen e. V., Bonn, die sogenannten Normativbedingungen.

brechens nicht in vollem Umfang Rechnung tragen, sondern immer wieder zu einer der verabscheuungswürdigsten Untaten, dem Kindermord, führen. Der Gesetzgeber hat in § 159 II und III VVG.[45] eine Bestimmung erlassen, die dem Schutz lebensversicherter Kinder dient. Sie besagt, daß ein Kind unter bestimmten Umständen seine Einwilligung zu einer auf sein Leben abzuschließenden Versicherung geben muß. Die Einwilligung des Kindes kommt dadurch zustande, daß ein zu diesem Zweck bestellter Pfleger vor dem Vormundschaftsgericht an Stelle des Kindes die entsprechende Willenserklärung abgibt[46]. Wenn dieser Pfleger mit einem verbrecherischen Elternteil zusammenarbeitet, erweist sich die Vorkehrung des § 159 VVG., die ohnehin nur beim Abschluß von Lebensversicherungen für Kinder unter 7 Jahren wirksam ist, als völlig unzulänglich. Das ehemalige Reichsaufsichtsamt für Privatversicherung erließ deshalb eine Reihe von Ordnungsvorschriften über die Bedingungen für den Abschluß von Versicherungen auf das Leben minderjähriger Kinder, deren letzte aus dem Jahre 1939 stammt[47]. Eine Zusammenstellung der heute gültigen Gesetze

---

[45] § 159 II und III VVG. lautet: „Wird die Versicherung für den Fall des Todes eines anderen genommen und übersteigt die vereinbarte Leistung den Betrag der gewöhnlichen Beerdigungskosten, so ist zur Gültigkeit des Vertrages die schriftliche Einwilligung des anderen erforderlich. Ist der andere geschäftsunfähig oder in der Geschäftsfähigkeit beschränkt und steht die Vertretung in den seine Person betreffenden Angelegenheiten dem Versicherungsnehmer zu, so kann dieser den anderen bei Erteilung der Einwilligung nicht vertreten. Nimmt der Vater oder die Mutter die Versicherung auf die Person eines minderjährigen Kindes, so bedarf es der Einwilligung des Kindes nur, wenn nach dem Vertrage der Versicherer auch bei Eintritt des Todes vor der Vollendung des siebenten Lebensjahres zur Leistung verpflichtet sein soll und die für diesen Fall vereinbarte Leistung den Betrag der gewöhnlichen Beerdigungskosten übersteigt."

[46] Vergleiche §§ 1909 ff. BGB.

[47] Veröffentlichungen des Reichsaufsichtsamtes für Privatversicherung, 1939, S. 95:
„Im Rundschreiben A I 123 des Reichsaufsichtsamtes vom 11. 1. 1939 wurde den Lebensversicherern folgendes mitgeteilt:
Für die Todesfallversicherung von Kindern bis zum vollendeten 14. Lebensjahr gelten mit sofortiger Wirkung folgende Richtlinien:
I. Für die Versicherung von Kindern gelten die in den Veröffentlichungen des Reichsaufsichtsamtes für Privatversicherung, 1927, S. 128 festgesetzten Höchstbeträge, und zwar
    100 RM für das 1. bis 3. Lebensjahr
    200 RM für das 4. und 5. Lebensjahr
    300 RM für das 6. und 7. Lebensjahr.
II. Die Höchstversicherungssumme für Kinder vom vollendeten 7. bis zum vollendeten 14. Lebensjahr wird auf 1000 RM festgesetzt.
III. Beim Abschluß mehrerer Verträge auf das Leben desselben Kindes – sei es bei derselben oder bei anderen Unternehmen – darf die Versicherungssumme insgesamt ebenfalls nicht über die festgesetzten Höchstgrenzen hinausgehen.
IV. Unfallzusatzversicherungen dürfen vor Vollendung des 14. Lebensjahres des zu versichernden Kindes nicht abgeschlossen werden.
V. . . ."
Das Rundschreiben enthält weitere Bestimmungen über die Gestaltung der Antragsformulare und über die Fassung der Klauseln für die Kinderlebensversicherung.

und Verordnungen ergibt den Rahmen, in dem zur Zeit der Abschluß von Kinderlebensversicherungen möglich ist. Die Höchstversicherungssummen betragen bei Kindern

vom 1. bis 3. Lebensjahr 100 DM
im 4. und 5. Lebensjahr 200 DM
im 6. und 7. Lebensjahr 300 DM
vom 8. bis 14. Lebensjahr 1000 DM.

Daneben ist die Vorschrift des § 159 II und III VVG. zu beachten.

Diese Lösung, die Versicherungen auf das Leben von Kindern über 14 Jahren in unbeschränkter Höhe gestattet, erscheint mir unbefriedigend. Der Jugendliche vom 14. bis zum 18. Lebensjahr ist im allgemeinen ebenso schutzbedürftig wie das Kind unter 14 Jahren. Er kann einen gegen ihn gerichteten Mordplan nicht erkennen; das verbietet das zwischen Eltern und Kind bestehende Vertrauensverhältnis. Der Abschluß hoher Todesfallversicherungen für Minderjährige ist aus einem weiteren Grund abzulehnen; bei den Eltern besteht in der Regel kein wirtschaftliches Bedürfnis, beim Ableben ihres Kindes einen Betrag zu erhalten, der über die Begräbniskosten hinausgeht, denn der versicherte Jugendliche war zu Lebzeiten wegen seines Alters nicht in der Lage, den Unterhalt seiner Eltern zu bestreiten oder dazu beizutragen.

Aus den geschilderten Umständen ergeben sich die Möglichkeiten einer versicherungstechnischen Bekämpfung des Mordes an Kindern: Versicherungsformen und -bedingungen sind so zu gestalten, daß Kinder bis zum vollendeten 18. Lebensjahr nur für den Erlebensfall versichert werden können. Im Todesfall sollen nur die eingezahlten Prämien, nicht aber die Versicherungssumme vergütet werden. Die Versicherung von Begräbniskosten kann beibehalten werden, da sie einem wirklichen Bedürfnis entspricht und keinen Verbrechensanreiz bildet.

2. Büromäßige Bearbeitung der Versicherungsverträge

Einen zweiten Bereich der versicherungstechnischen Bekämpfung bilden Maßnahmen bei der büromäßigen Bearbeitung der Versicherungsverträge sowohl im Zeitpunkt der Antragstellung als auch bei Eintritt des Versicherungsfalles.

Eingehende Anträge müssen einer genauen Prüfung unterzogen werden, um etwa bestehende Betrugsabsichten einzelner Antragsteller zu erkennen. Dabei kommt es insbesondere darauf an, den Umfang des subjektiven Risikos zu bestimmen, das mit den beantragten Versicherungen verbunden ist. Dieses umfaßt den Ruf des Antragstellers und des zu Versichernden sowie die wirtschaftlichen Verhältnisse, in denen diese Personen leben. Überhaupt bestimmen die gesamten Lebensgewohnheiten der am Vertrag Beteiligten den Umfang des moralischen Risikos. Der Versicherer kann sich über diese Verhältnisse Kenntnis verschaffen, indem er von dem vermittelnden Agenten einen vertraulichen Fragebogen ausfüllen läßt oder — falls der Agent für eine derartige Aufgabe ungeeignet ist — besondere Angestellte mit entsprechenden Ermittlungen beauftragt.

Auch die Wahrhaftigkeit, mit der die im Antrag gestellten Fragen beantwortet werden, ist ein Maßstab für die Qualität des subjektiven Risikos. Es liegt stets im Interesse des Versicherers, die Richtigkeit der Angaben über den Gesundheitszustand des zu Versichernden, über anderweitig bestehende oder beantragte Versicherungen und über abgelehnte Versicherungsanträge nachzuprüfen. In erster Linie wird zwar durch solche Maßnahmen eine betrügerische Vertragsgestaltung vermieden; wie die Erfahrung jedoch zeigt, verstößt der Versicherungsverbrecher im allgemeinen gegen seine vorvertragliche Anzeigepflicht, so daß solche Vorkehrungen auch der Bekämpfung des Versicherungsverbrechens schlechthin dienen.

Eine Lebensversicherung, die für ein geplantes Versicherungsverbrechen mißbraucht werden soll, zeichnet sich stets durch eine verhältnismäßig hohe Versicherungssumme aus. Selbst wenn bei Vertragsabschluß keine Betrugsabsicht vorhanden ist, kann eine überhöhte Versicherungssumme zum Verbrechen führen, da der mit dem Tod des Versicherten fällig werdende Betrag über den Geldbedarf der Hinterbliebenen hinausgeht — für diese zum „Geschäft" wird. Der Versicherer hat deshalb bei Antragstellung nachzuprüfen, ob die H ö h e d e r V e r s i c h e r u n g s s u m m e den wirtschaftlichen Verhältnissen und Bedürfnissen von Versicherungsnehmer, Versichertem und Begünstigtem entspricht.

N e l k e n[48] fordert im Interesse der Verbrechensbekämpfung, daß auf dem Versicherungsschein F i n g e r a b d r ü c k e des Versicherten angebracht werden, damit nicht dessen Tod durch Unterschieben einer fremden Leiche vorgetäuscht werden kann. S c h u l t z[49] erkennt noch eine weitere Wirkung dieser Maßnahme; er glaubt, daß dem Versicherten erst durch die Abnahme eines Fingerabdruckes die Bedeutung seiner Einwilligung gemäß § 159 II VVG. und der Umfang der damit verbundenen Gefahren in vollem Umfang klargemacht werden können. Ich halte dieses Verfahren für umständlich und kostspielig. Es würde erfordern, daß jeder Versicherungsschein durch einen Mitarbeiter der Gesellschaft im Verlauf eines Kundenbesuches ausgehändigt wird, damit bei dieser Gelegenheit der Fingerabdruck auf der Urkunde angebracht werden kann.

Nicht nur die Art und Weise, wie die eingehenden Anträge bearbeitet werden, sondern auch die Maßnahmen, die der Versicherer bei Eintritt des Versicherungsfalles trifft, bieten Möglichkeiten der Verbrechensbekämpfung. Es ist selbstverständlich, daß die Gesellschaft die näheren Umstände, unter denen der Versicherte verstorben ist, genau nachprüft, wenn irgend-

---

[48] N e l k e n : Verbrechen und Versicherung, S. 180.
[49] S c h u l t z : Versicherungsmord, S. 153.

welche Anzeichen für ein Versicherungsverbrechen vorhanden sind. Die Versicherer haben sich in den Versicherungsbedingungen das Recht auf solche Nachforschungen ausdrücklich vorbehalten.

Ein Weg zur Aufdeckung begangener Versicherungsbetrügereien ist durch planvolle Z u s a m m e n a r b e i t d e r G e s e l l s c h a f t e n gegeben, die sich aufgrund von Verträgen in verschiedenen Versicherungszweigen mit demselben Vorfall zu befassen haben. Der Tod einer Person kann den Versicherungsfall zu Lebens-, Unfall-, Kranken- und Haftpflichtversicherungen auslösen, die bei verschiedenen Versicherern bestehen. Im Verlauf eines Versicherungsbetruges treten erfahrungsgemäß in den einzelnen Schilderungen des den Versicherungsfall herbeiführenden Ereignisses Widersprüche auf, die auf den Wunsch zurückzuführen sind, möglichst hohe Beträge von den einzelnen Gesellschaften zu erhalten. Diese Widersprüche geben häufig Hinweise auf das vorliegende Verbrechen.

Ein weiterer, von S c h u l t z[50] gemachter Vorschlag zur Bekämpfung des Versicherungsverbrechens geht dahin, „beiläufig die Entwicklung des Begünstigten zu beobachten, insbesondere wie das Geld verwendet wird, zumal, wenn es sich um größere Beträge handelt".

3. Z u s a m m e n a r b e i t z w i s c h e n V e r s i c h e r e r n u n d Ä r z t e n

Da die Medizin im Bereich der Lebensversicherung eine bedeutende Rolle spielt, bietet eine zweckmäßige Zusammenarbeit zwischen Ärzten und Versicherern eine Reihe von Möglichkeiten der Verbrechensbekämpfung. Durch die ärztliche Untersuchung vor Vertragsabschluß kann verhindert werden, daß der Versicherer über den Umfang des zu übernehmenden Risikos getäuscht wird. Nach einem Vorschlag von S c h u l t z[51] soll der zu Untersuchende durch einen Lichtbildausweis und einen Fingerabdruck auf dem Berichtsformular seine Identität mit der zu versichernden Person nachweisen, damit verhindert wird, daß an ihrer Stelle eine Ersatzperson zur Untersuchung erscheint.

Eine intensive Mitarbeit des Arztes ist jedoch vor allem bei Eintritt des Versicherungsfalles möglich und erforderlich; der medizinische Sachverständige allein ist in der Lage, die wirkliche Ursache für den Tod des Versicherten festzustellen. Die Häufigkeit, mit der in unseren Tagen bestimmte Krankheiten als Todesursache auftreten, läßt Zweifel entstehen, ob die Untersuchung der Verstorbenen in allen Fällen mit der Sorgfalt vorgenommen wurde, die zur Aufdeckung eines Versicherungsverbrechens erforderlich ist. – Dem Arzt entstehen bei der Feststellung der Todesursache oft Schwierigkeiten dadurch, daß er den Verstorbenen zu Lebzeiten nicht gekannt hat. Der Versicherungsmörder nutzt diesen Umstand aus, indem er

---

[50] S c h u l t z : Versicherungsmord, S. 153.
[51] S c h u l t z : Versicherungsmord, S. 144.

einen fremden Arzt zur Untersuchung des Toten hinzuzieht. — Häufig ist der medizinische Sachverständige mit den Versicherungsbedingungen zu wenig vertraut, um erkennen zu können, welche Punkte seiner Diagnose besonders wichtig sind.

Die geschilderten Unzulänglichkeiten ließen sich beseitigen, wenn zwischen den an einem Lebensversicherungsvertrag Beteiligten eine Vereinbarung getroffen würde, nach der ein bestimmter Arzt, der mit dem Versicherer im Vertragsverhältnis steht, eine Art medizinischen Beratungsdienst ausübt. Dieser Arzt sollte die Aufgabe haben, den Versicherten im Krankheitsfall zu behandeln und bei Eintritt des Todes die Ursache sowie die näheren Umstände des Ablebens festzustellen. Dieses Verfahren würde die Ausführung von Lebensversicherungsverbrechen jeder Art bedeutend erschweren. Die Organisation eines solchen medizinischen Beratungsdienstes, der zweifellos auch für den Großteil der redlichen Versicherten Vorteile bieten würde, könnte so beschaffen sein, daß für ein räumlich abgegrenztes Gebiet ein bestimmter Arzt zuständig ist, der — ähnlich wie der zuständige Vertreter und die zuständige Geschäftsstelle des Versicherers — im Versicherungsschein näher bezeichnet wird.

Es wird bei diesem Vorschlag nicht verkannt, daß mit diesem Verfahren eine Reihe von Schwierigkeiten entsteht. So würde das Recht der freien Arztwahl beschränkt werden; es müßte ferner eine geeignete Form der Zusammenarbeit zwischen dem Vertragsarzt und den „freien" Ärzten gefunden werden; schließlich ergibt sich die Frage nach den Rechtsfolgen für den Fall, daß der Versicherte entgegen seinen Obliegenheiten den Vertragsarzt nicht zur Behandlung und Beratung heranzieht.

4. Das Agentenwesen

Eine Reihe von Möglichkeiten der versicherungstechnischen Bekämpfung besteht auch hier auf dem Gebiet des Agentenwesens. Es handelt sich vorwiegend um Maßnahmen, wie sie bei der Bekämpfung des Brandversicherungsbetruges geschildert wurden; es sei deshalb auf die dortigen Ausführungen verwiesen.

Fünftes Kapitel

Das Versicherungsverbrechen im Bereich der privaten Unfallversicherung

I. Erscheinungsformen

Das Versicherungsverbrechen im Bereich der Unfallversicherung, insbesondere das in Form der Selbstverstümmelung, erscheint dem Außenstehenden oft unverständlich; besteht doch hier der Einsatz des Betrügers nicht nur in der aufgebrachten Versicherungsprämie oder in einem vorsätzlich herbeigeführten Sachschaden, sondern in seiner körperlichen Unversehrtheit, in seiner eigenen Gesundheit. Dieses Opfer ist so groß, daß es an sich schon genügen müßte, den Gedanken an Versicherungsbetrug nicht aufkommen zu lassen.

Das Versicherungsverbrechen in Form der Selbstverstümmelung ist nicht nur wegen dieser, beim Verbrecher selbst eintretenden Folgen, sondern auch aus einem anderen Grunde in besonderem Maße zu verurteilen: Der Versicherungsbetrüger, der sich selbst einen körperlichen Schaden zufügt, wird häufig arbeitsunfähig. Wenn ihm seine Tat nachgewiesen wird und der Versicherer deshalb die Leistung aus der Unfallversicherung verweigert, fällt der Arbeitsunfähige meist der Fürsorge und damit der Allgemeinheit zur Last.

1. Vorsätzliches Herbeiführen des Versicherungsfalles

Die erste Erscheinungsform des Versicherungsverbrechens im Bereich der Unfallversicherung ist das vorsätzliche Herbeiführen des Versicherungsfalles[1] in der Absicht, eine Leistung des Versicherers in Form eines Kapitalbetrages, einer Rente oder eines Tagegeldes zu bewirken. Auf den Ersatz von Heilkosten kommt es dem Betrüger in der Regel nicht an, da ihm eine solche Leistung keinen Vorteil bringt.

Unter den Betrügern, die den Versicherungsfall vorsätzlich herbeiführen, kann man zwei Gruppen unterscheiden. Die Verbrecher der ersten Gruppe inszenieren kleine, alltägliche Unfälle mit verhältnismäßig geringfügigen Gesundheitsschäden. In den Unfallschilderungen finden sich etwa folgende Angaben: „Ich bin auf der Kellertreppe gestürzt und habe mir das Rückgrat geprellt", „ich bin auf einer Bananenschale ausgerutscht und habe mir den Fuß verstaucht", „beim Säubern einer

---

[1] Der Versicherungsfall zu einer Unfallversicherung tritt ein, wenn der Versicherte durch ein plötzlich von außen auf seinen Körper wirkendes Ereignis unfreiwillig eine Gesundheitsschädigung erleidet (§ 2 AUB.).

Lampe bin ich von der Leiter gefallen und habe mir eine leichte Gehirnerschütterung zugezogen" oder „beim Sturz über den aufgerollten Teppich habe ich einen Finger gebrochen". Die Betrüger streben in diesen Fällen vor allem nach dem in beträchtlicher Höhe versicherten Tagegeld. Eine dauernde Beeinträchtigung des Gesundheitszustandes tritt nicht ein. Diese Erscheinungsform des Versicherungsbetruges ist häufig mit der später zu behandelnden Aggravation verbunden.

Weitaus schwerwiegender sind die Fälle, in denen sich der Versicherte schwere Verletzungen beibringt oder beibringen läßt, die er als Folgen eines Unfalles ausgibt; der geschilderte Verlauf des „Unfalles" ist frei erfunden. Man bezeichnet diese Art der Verbrechensausführung als S e l b s t v e r s t ü m m e l u n g. Den Betrügern kommt es darauf an, die bei Eintritt der Voll- oder Teilinvalidität vom Versicherer zu leistende Kapital- oder Rentenzahlung zu erhalten. Als Beispiel einer Selbstverstümmelung soll der Fall Marek[2] berichtet werden, der sich 1925 in Wien ereignete:

Marek, der sich als Ingenieur mit Erfindungen beschäftigte, hatte eine Unfallversicherung abgeschlossen, aufgrund der ihm bei Eintritt der Vollinvalidität 400 000 Dollar zustanden. Vierundzwanzig Stunden nach Abschluß der Versicherung erlitt er einen eigenartigen Unfall. Wie er erklärte, war ihm bei der Bearbeitung einer Holzpuppe das Beil entglitten und hatte ihm das linke Bein unterhalb des Knies glatt abgeschlagen. Das Bein wurde abgenommen. Die betroffene Versicherungsgesellschaft verweigerte die Leistung und erstattete Strafanzeige gegen Marek wegen versuchten Versicherungsbetruges, da ihr der Vorfall unglaubwürdig erschien. In dem anschließenden Strafprozeß erklärten es Sachverständige für unmöglich, daß sich Marek in der geschilderten Weise verletzt haben könne; es sei wahrscheinlich, daß eine zweite Person den Hieb ausgeführt habe. Im übrigen seien Spuren von mehreren Beilhieben vorhanden. Marek und seine Ehefrau[3], die offensichtlich in das geplante Verbrechen eingeweiht war, belasteten sich außerdem dadurch schwer, daß sie einen Krankenhausdiener mit 10 000 Schilling bestochen hatten, falsche Aussagen über den Zustand des abgenommenen Beines zu machen.

Die finanziellen Verhältnisse der Familie Marek waren zur Zeit des „Unfalles" sehr schlecht; Marek hatte sich den Betrag für die erste Prämienzahlung ausgeliehen. Trotz der vielfachen Indizien wurde das Ehepaar Marek von der Anklage des Versicherungsbetruges freigesprochen, nicht zuletzt deshalb, weil der Prozeß in einem kaum vorstellbaren Maß die Ge-

---
[2] Der Bericht ist zusammengestellt nach den Angaben von N e l k e n (Verbrechen und Versicherung, S. 190 ff.) und W e i c h b r o d t (Der Versicherungsbetrug, S. 35 ff.) sowie nach Unterlagen im Archiv des Gesamtverbandes der Versicherungswirtschaft e. V., Köln.
[3] Es handelt sich um jene Martha Marek, die 13 Jahre später wegen vierfachen Versicherungsmordes zum Tode verurteilt wurde. Vergleiche Seite 73.

müter und Leidenschaften erregt hatte, so daß selbst die Richter zu einer objektiven Urteilsfindung außerstande waren. N e l k e n[4] berichtet, daß Marek nach dem Freispruch „mit seiner Frau triumphartig in ein kleines Vorstadthotel gebracht wurde, wo er, inmitten einer begeisterten Volksmenge seinen Sieg feiern konnte"[5]. Aufgrund eines mit dem Unfallversicherer geschlossenen Vergleiches erhielt Marek nach dem Freispruch einen Betrag von 170 000 Schilling; das waren etwa 10% seiner ursprünglichen Forderung. – Es steht heute wohl außer Zweifel, daß Marek einen Versicherungsbetrug hatte begehen wollen. Er stand, wie es in den Berichten heißt, völlig unter dem Einfluß seiner Frau, von der bekannt ist, daß sie zahlreiche Versicherungsverbrechen begangen hat. Außer einer Brandstiftung im Jahre 1923, die ihr 75 000 Schilling einbrachte, fallen ihr vier Versicherungsmorde zur Last[6].

Die Tattechniken für die Selbstverstümmelung und den daran anschließenden Versicherungsbetrug sind mannigfaltig. Sie lassen sich unterscheiden nach der Art der Verletzung, die sich der Betrüger zufügt, und der Art des Werkzeuges, dessen er sich dabei bedient. Häufig bestehen sogar gewisse Präferenzen für bestimmte Tattechniken. So schreibt W e i c h b r o d t[7]: „Selbstverstümmelungen sind immer vorgekommen, vor allem in den Heeren aller Länder ... Es scheinen sogar in bestimmten Ländern bestimmte Methoden bevorzugt zu werden. Im zaristischen Rußland suchte man sich mit einem Instrument, das einem Handschuhspanner ähnelte, einen Leistenbruch beizubringen. In Deutschland sind Ätzungen und mechanische Verletzungen beliebt, die Italiener scheinen eine besondere Fähigkeit darin zu haben, Handrückenödeme hervorzurufen". Die Bevorzugung von bestimmten Tattechniken bei den Versicherungsbetrügern zeigt sich vor allem im Verlauf von Betrugsepidemien.

Der Versicherungsbetrüger läßt sich in seinen Überlegungen, welche Verletzung er sich beibringen soll, in erster Linie davon leiten, welche Art von Körperschaden ihn in seinem weiteren Fortkommen am wenigsten behindern wird. Ein Geistesarbeiter verletzt deshalb im allgemeinen nicht seine Augen, ein körperlich Arbeitender nicht Arme oder Beine. – Von entscheidender Bedeutung für die Wahl der Tattechnik sind oft Abnormitäten im Körperbau einzelner Personen, die diese geschickt auszunützen verstehen, um erhebliche Entschädigungen aus Unfallversicherungen zu beziehen. N e l k e n[8] berichtet von einem Unfallversicherten, der sich mehrmals durch einen Sprung aus geringer Höhe eine Fußverstauchung zu-

---

[4] N e l k e n : Verbrechen und Versicherung, S. 194.
[5] Der Fall Marek bietet ein anschauliches Beispiel, wie durch sensationelle Presseberichte, Stimmungsmacherei und Appelle an das Mitgefühl der Öffentlichkeit – Frau Marek soll eine sehr schöne Frau gewesen sein – der Versicherungsbetrüger zum Volkshelden werden kann.
[6] Vergleiche Seite 73.
[7] W e i c h b r o d t : Der Versicherungsbetrug, S. 34.
[8] N e l k e n : Verbrechen und Versicherung, S. 184.

zog, die er sofort nach der ärztlichen Untersuchung wieder zu beseitigen imstande war. Ein anderer Betrüger konnte seine Schultern nach Belieben verrenken, ohne dabei Schmerzen oder Beschwerden zu haben. — Eine Abnormität kann auch darin bestehen, daß eine Person infolge eines allgemein schwachen Körperbaus dazu neigt, sich bereits bei geringen Anlässen Knochenbrüche zuzuziehen. Wenn diese Eigenschaft dazu verwendet wird, Versicherungsbetrügereien zu begehen, kann innerhalb kurzer Zeit eine erhebliche Anzahl von „Unfällen" inszeniert werden, da solche leicht herbeizuführenden Knochenbrüche im allgemeinen schnell verheilen. Ein in Frankreich lebender Versicherungsbetrüger mit Namen Gerrez[9] brachte sich innerhalb von wenigen Jahren nicht weniger als 27 Rippen- und 18 Beinbrüche bei. Außerdem ließ er sich fünfzehnmal in einem besonders dafür vorbereiteten Sarg begraben, um mit Hilfe von gefälschten Urkunden hohe Lebensversicherungssummen einzustreichen. Man schätzt die Einnahmen dieses Betrügers auf über eine Million Franken.

Am häufigsten werden Selbstverstümmelungen an den Extremitäten vorgenommen, und zwar in Form von Amputationen, Ätzungen, Klopfödemen und Wundverletzungen aller Art. Auf welche dummdreiste Weise damit Betrügereien verbunden werden, zeigt der folgende Fall, über den C o n e n[10] und W e i c h b r o d t[11] berichten: Sämtliche Mitglieder einer Familie opferten nacheinander einen oder zwei Finger, nachdem zuvor hohe Unfallversicherungen abgeschlossen worden waren. Zuerst verlor der Familienvater durch „Unfall" den Daumen und Zeigefinger, alsdann seine Frau und sein Bruder jeweils den linken Daumen. Als seinem Schwager dasselbe „Mißgeschick" widerfuhr, griff der Staatsanwalt ein.

Der Versicherungsverbrecher schreckt aber auch nicht vor Handlungen zurück, die einem natürlich empfindenden Menschen unfaßlich sind, indem er sich so schwer verletzt, daß er in seinem weiteren Leben in stärkstem Maße behindert ist. Vielleicht hofft der Betrüger, dadurch glaubhaft machen zu können, daß wirklich ein Unfall und keine Selbstverstümmelung vorliegt. Der Fall Köller[12], der sich 1937 in Köln ereignete und seinerzeit großes Aufsehen erregte, möge das Gesagte unterstreichen:

---

[9] Unterlagen über den Fall Gerrez befinden sich im Archiv des Gesamtverbandes der Versicherungswirtschaft e. V., Köln. Vergleiche insbesondere Leipziger Neueste Nachrichten vom 30. 5. 1936, Hamburger Fremdenblatt vom 19. 5. 1936, Berliner Tageblatt vom 26. 5. 1936 und Neues Wiener Journal vom 1. 8. 1936.
[10] C o n e n : Vortäuschungen . . ., a.a.O., S. 161.
[11] W e i c h b r o d t : Der Versicherungsbetrug, S. 41.
[12] Der Bericht ist zusammengestellt nach den Angaben von W e i c h b r o d t (Der Versicherungsbetrug, S. 52 ff.) und Unterlagen im Archiv des Gesamtverbandes der Versicherungswirtschaft e. V., Köln. Vergleiche insbesondere Kölnische Zeitung vom 23. 12. 1938, Berliner Börsenzeitung vom 22. 8. 1937, Das 12 Uhr Blatt, Berlin vom 22. 8. 1937, Nationalzeitung Essen vom 23. 8. 1937, Völkischer Beobachter vom 10. 12. 1938, 22. 12. 1938, 24. 12. 1938 und 28. 6. 1939, Hamburger Fremdenblatt vom 15. 11. 1938, Kölner Stadtanzeiger vom 18. 10. 1954 und 22. 5. 1957.

Der Kaufmann Fritz Köller hatte bei deutschen und englischen Versicherungsgesellschaften eine Reihe von Unfallversicherungen abgeschlossen, aufgrund deren er im Fall der Vollinvalidität 410 000 RM und 59 000 englische Pfund erhalten sollte. Nach einem Teil dieser Verträge war der Versicherer nur dann zu einer Leistung verpflichtet, wenn die Invalidität durch den Verlust eines oder beider Augen eintrat. Am 10. 5. 1937 rutschte Köller angeblich beim Kofferpacken aus und stach sich dabei mit einem Messer, das er in der Hand hielt (Köller war Exporteur von Stahlwaren), ein Auge aus. Durch ärztliche Gutachten wurde in einem Strafprozeß nachgewiesen, daß sich nach der besonderen Art der Augenverletzung der Unfall nicht in der geschilderten Weise abgespielt haben konnte; das Gericht kam zu der Überzeugung, daß Köller sich selbst das Auge ausgestochen hatte, um einen Versicherungsbetrug zu begehen, und verurteilte ihn zu einer Zuchthausstrafe von vier Jahren.

Im Jahre 1953 beantragte Köller die Wiederaufnahme des Verfahrens. Aufgrund neuer Gutachten gelangte das Gericht nunmehr zu der Ansicht, daß doch ein Unfall vorgelegen haben könnte, und sprach Köller deshalb von der Anklage des Betruges frei. Dieser Freispruch kann jedoch meines Erachtens den starken Verdacht nicht ausräumen, daß Köller einen groß angelegten Versicherungsbetrug geplant hatte. Dafür sprechen vor allem die besondere Art der abgeschlossenen Unfallversicherungen und die Tatsache, daß Köller bereits im Jahre 1931 für einen zweifelhaften Unfall eine Entschädigung von 60 000 RM erhalten hat (angeblich wurde seinerzeit eine Zehe von einer Straßenbahn abgefahren). Schließlich erscheint es mir fraglich, ob die nach 16 Jahren vorgelegten ärztlichen Gutachten die gleiche Aussagekraft haben wie die kurz nach dem Unfall erstellten.

Als Werkzeuge, mit denen sich die Betrüger Verletzungen beibringen, kommen alle gefährlichen Maschinen und Geräte, wie Sägen, Beile, Messer, Hobel, Sensen, Fräsmaschinen, Pressen und ähnliches in Frage. Schier unglaublich klingen Berichte, nach denen „Erfinder" Vorrichtungen konstruiert haben, die für fach- und sachgerechte „Unfallverletzungen" sorgen. So soll in New York ein gewisser G. L. West eine „Knochenbrechmaschine" erbaut haben[13]. Er suchte Verbindung mit unfallversicherten Personen, die sich in schlechten Vermögensverhältnissen befanden, um sie zu überreden, einen Unfallversicherungsbetrug zu begehen; die Selbstverstümmelung wurde mit seiner Maschine vorgenommen. Andere Berichte[14] verkünden von Betrügereien großen Ausmaßes in Kalifornien. In einem Krankenhaus brachten sich Frauen gegenseitig mit besonderen Geräten schwere Verletzungen bei; eine Ärztin führte dabei die Oberaufsicht. Die Betrügerbande soll sich einen Betrag von über einer Million Dollar erschwindelt haben.

---

[13] Berichte über diesen Sachverhalt befinden sich im Archiv des Gesamtverbandes der Versicherungswirtschaft e. V., Köln. Vergleiche Der Angriff vom 3. 3. 1937.

[14] Vergleiche Tremonia, Dortmund vom 4. 7. 1938.

Häufig finden sich auch Selbstverstümmelungen in Form von Schußverletzungen, die als Jagdunfälle ausgegeben werden. Schließlich sind noch Fälle bekannt, in denen die Verletzung durch Ätzmittel oder kochendes Wasser herbeigeführt wurde. Nelken[15] berichtet von einem Betrugsversuch, bei dem sich der Versicherte, in der Badewanne sitzend, mit siedendem Wasser übergoß; seinem Versicherer gegenüber gab er an, der Badeofen sei explodiert und habe ihn mit kochendem Wasser überschüttet.

Eine weit verbreitete Methode, Selbstverstümmelungen herbeizuführen, ist das Vortäuschen von Verkehrsunfällen, bei denen sich die Betrüger von Wagen der Eisenbahn, der Straßenbahn oder einer Feldbahn einen Fuß, eine Hand, einzelne Finger oder Fußzehen abfahren lassen. So sind mir aus der Praxis der Gesellschaften mehrere Fälle bekannt geworden, in denen sich Kiesgrubenbesitzer von den Loren der in der Kiesgrube installierten Feldbahn die linke Hand oder einige Finger der linken Hand überfahren ließen, um aufgrund dieser Verletzungen von ihren Unfallversicherern erhebliche Entschädigungen zu fordern.

2. Vortäuschen des Unfalles und/oder seiner Folgen

Eine zweite Erscheinungsform des Versicherungsverbrechens im Bereich der Unfallversicherung liegt vor, wenn vorgetäuschte Gesundheitsschäden oder alte Leiden[16] als Folgen eines frei erfundenen oder tatsächlich eingetretenen Unfallereignisses ausgegeben werden. Ich möchte diese Art des Versicherungsbetruges, die nicht nur in der privaten Unfallversicherung, sondern auch im Bereich der Kranken-, Haftpflicht- und Sozialversicherung anzutreffen ist, Vortäuschung des Unfalles und/oder seiner Folgen nennen. Nach Feilchenfeld[17] können die Täuschungshandlungen der Versicherten in vier Gruppen eingeteilt werden: Simulation (Vortäuschung), Aggravation (Übertreibung), Prolongation (Hinausschiebung) und Dissimulation (Verheimlichung).

Unter Simulation versteht man die bewußte Vortäuschung von nicht vorhandenen Krankheitssymptomen. Sie kann sich an einen tatsächlich eingetretenen Unfall anschließen, bei dem der Versicherte unverletzt geblieben ist. Das Unfallgeschehen, auf das der Betrüger seine vorgetäuschten Beschwerden bezieht, kann jedoch auch frei erfunden sein. Die reine Simulation, die verhältnismäßig selten vorkommt, besteht in den meisten Fällen darin, daß der Betrüger behauptet, die Funktion seiner Sinnesorgane sei infolge des erlittenen Unfalles gestört. Vor allem werden der Geruchs-, Gehör-, Geschmacks- und Gleichgewichtssinn als beeinträchtigt angegeben. Solche Störungen können verhältnismäßig leicht vorgetäuscht werden,

---

[15] Nelken: Verbrechen und Versicherung, S. 189.
[16] In der Praxis der Unfallversicherer werden die alten Leiden als „schicksalsbedingte Erkrankungen" bezeichnet.
[17] Feilchenfeld: Die Täuschungen ..., a.a.O., S. 451.

und der Betrüger glaubt, daß der Arzt den Nachweis der Simulation nicht erbringen könne, weil der behauptete Schaden nicht direkt wahrnehmbar ist. Die medizinische Wissenschaft hat jedoch Untersuchungsmethoden entwickelt, mit deren Hilfe Simulanten innerhalb kurzer Zeit überführt werden können[18].

A g g r a v a t i o n bedeutet Übertreibung der Beschwerden einer tatsächlich vorhandenen Gesundheitsstörung. Der Betrüger stellt Krankheitserscheinungen, wie Zittern, Schwanken, verminderte Hör- oder Sehfähigkeit und ähnliche in verstärktem Umfang dar. H o r n[19] unterscheidet zwischen der bewußten Übertreibung und der unbewußten durch hysterische und hypochondrische Menschen. S o n n e n s c h e i n[20] ist der Ansicht, daß solche geistig gestörten Personen keine ausreichende Urteilsfähigkeit über ihre Aussagen besitzen. Die unbewußte Aggravation ist deshalb kein betrügerisches Verhalten.

P r o l o n g a t i o n liegt vor, wenn der Versicherte den Heilungsprozeß verzögert, um auf diese Weise möglichst lange in den Genuß der Versicherungsleistung zu kommen. Diese Art des Betruges wird bevorzugt, wenn der Versicherer aufgrund eines Unfalles zu laufenden Zahlungen verpflichtet ist, vor allem also bei der Tagegeldversicherung durch private Versicherer und in der sozialen Kranken- und Unfallversicherung. Der Wille des Patienten, so schnell wie möglich von der Krankheit zu genesen, ist für den Heilungsprozeß von großer Wichtigkeit. Dieser Wille fehlt häufig, wenn sich die Zahlungen eines Unfallversicherers für den Patienten als ein gutes Geschäft erweisen, weil sie sein Arbeitseinkommen erreichen oder gar übersteigen. S a m s o n[21], der bei 102 Unfallschäden der Victoria Versicherungsgesellschaft in Berlin die Dauer des Heilungsprozesses untersucht hat, stellte fest, „daß die Tatsache des Versichertseins allein genügt, damit im Verlauf von Unfällen die Heilungsdauer über das gewöhnliche Maß weit hinausgeht". Er ermittelte, daß im Durchschnitt die Heilbehandlung von Unfallversicherten bei Frakturen um 3,6 Monate, bei Luxationen (Verrenkungen) um 2,3 Monate, bei Kontusionen (Quetschungen) und Distorsionen (Stauchungen) um 2,3 Monate verzögert wurde[22]. — Nicht nur der fehlende Wille zur Genesung führt zu langwierigen Heilverläufen; häufig nehmen die Verletzten Manipulationen an ihren Verletzungen vor, indem sie Fremdkörper, wie Glassplitter, Drahtstücke oder Salz in die Wunden einführen.

---

[18] So wird beispielsweise ein Patient, der vorgibt, taub zu sein, in der Narkose befragt. Der Simulant wird selbstverständlich auf die gestellten Fragen antworten.

[19] H o r n : Simulation, in Versicherungslexikon, herausgegeben von M a n e s , Spalte 1441.

[20] S o n n e n s c h e i n : Die Simulation in der Sozialversicherung, S. 7.

[21] S a m s o n : Über den Verlauf von Unfällen Versicherter, a.a.O., S. 84.

[22] S a m s o n : Über den Verlauf von Unfällen Versicherter, a.a.O., S. 92, 93 und 95.

Dissimulation ist gegeben, wenn der Betrüger Krankheitserscheinungen auf ein Unfallereignis bezieht, die in Wirklichkeit eine andere Ursache haben. Er verschweigt diese Ursache, weil sie keinen Anspruch auf eine Leistung aus einem Versicherungsvertrag begründen kann. Für den medizinischen Sachverständigen ergibt sich die Aufgabe, schicksalsbedingte Erkrankungen von Unfallfolgen zu trennen. Fälle von Dissimulation sind bei Unfall- und Haftpflichtschäden häufig anzutreffen.

Es sei an dieser Stelle noch ein Wort über die Unfallneurose gesagt und die Frage erörtert, welcher Zusammenhang zwischen ihr und dem Versicherungsverbrechen besteht. Die Unfallneurose ist ein außerordentlich schillernder Begriff; die medizinische Wissenschaft hat ihre Lehrmeinung über dieses Phänomen mehrfach geändert. Es besteht bis heute keine Einheitlichkeit in der Terminologie über die in diesem Zusammenhang auftretenden Erscheinungen; die Begriffe Unfallneurose, Rentenneurose und traumatische Neurose werden weitgehend synonym gebraucht.

Unter Neurose im allgemeinen ist eine funktionelle Erkrankung des Nervensystems ohne dessen organische Veränderung zu verstehen[23]. Diese funktionelle Erkrankung kann zu seelischen (zum Beispiel Depressionen) oder körperlichen (zum Beispiel Zittern, Schwanken, Muskelkrämpfe) Krankheitserscheinungen führen. Die herrschende Lehrmeinung über die Unfallneurose im besonderen gibt K l i e n e b e r g e r[24] folgendermaßen an: „Unfallneurose ist die seelische, endogen oder exogen bedingte Reaktion auf Entschädigungsverfahren oder unbefriedigende Lebenssituationen". Die Ursache für eine solche Reaktion ist ein minderwertiges Nervensystem des Patienten, das ihn den Begehrensvorstellungen nicht widerstehen läßt[25].

Von dieser medizinischen Begriffsbildung her gesehen, stellt die Unfallneurose zweifellos kein Betrugsmanöver, sondern eine echte Krankheit dar. Psychische Minderwertigkeit und die in weiten Kreisen bestehende gedankliche Verbindung zwischen einem Unfallereignis und dem Recht auf Entschädigung irgendeiner Art führen zu einem Zustand des Versicherten, der sich durch seelische und körperliche Beschwerden auszeichnet[26]. Wenn

---

[23] Handbuch der Unfallmedizin, herausgegeben von Dr. C. K a u f m a n n, Band II, S. 251.

[24] K l i e n e b e r g e r : in Handbuch der gesamten Unfallmedizin, Band I, S. 415.

[25] Vergleiche das Urteil des Bundesgerichtshofes vom 29. 2. 1956 — VI ZR 352/54 —, in dem es unter anderem heißt: „Es gibt Fälle, in denen die seelische Störung erst durch das — wenn auch unbewußte — Begehren nach einer Lebenssicherung oder durch die Ausnutzung einer vermeintlichen Rechtssituation hervorgerufen wird. Der Unfall wird dann zum Anlaß genommen, um den Schwierigkeiten des Arbeitslebens auszuweichen (sogenannte Unfall- oder Rentenneurose)".

[26] Es sei noch bemerkt, daß ein Unfall neben einer durch das in Aussicht stehende Entschädigungsverfahren hervorgerufenen Unfallneurose eine echte Neurose, die sogenannte Schreckneurose, bewirken kann. Die Schreckneurose ist eine pathologische Reaktion des Verunglückten auf das Schreckerlebnis, ohne daß irgendwelche Begehrensvorstellungen damit verbunden sind. Vergleiche B l e u l e r : Lehrbuch der Psychatrie, S. 384.

dennoch häufig das betrügerische Vortäuschen von Unfallfolgen als Unfallneurose bezeichnet wird, so liegt ein unzutreffender Sprachgebrauch vor. Dieser Sachverhalt wird richtig mit den oben erläuterten Begriffen Simulation, Aggravation, Prolongation und Dissimulation bezeichnet.

3. Betrugsepidemien

Betrügereien mit Hilfe von Unfallversicherungen breiten sich oft wie Epidemien über weite Gebiete aus, insbesondere dann, wenn sie in Form von Selbstverstümmelungen begangen werden, die nur vorübergehende Gesundheitsschäden hervorrufen. Eine solche Epidemie kann durch einen wirklichen Unfall ausgelöst werden, aufgrund dessen an den Verunglückten von einem Unfallversicherer ein größerer Betrag gezahlt wird. Der Verunglückte pflegt in solchen Fällen seinen Nachbarn und Freunden von der – oft nicht ganz einwandfreien – Schadensliquidierung zu erzählen. Daraufhin läßt sich ein großer Teil der Ortsbewohner gegen Unfallschäden versichern, um schon nach kurzer Zeit bei den Versicherern „Unfälle" anzumelden, deren nähere Umstände sich häufig ähneln.

In vielen Fällen trifft die Versicherungsvertreter an der Entstehung solcher Epidemien ein Mitverschulden, da sie die Versicherungsanträge der Betrüger bedenkenlos annehmen, obwohl sie mehr oder weniger genau deren Absichten kennen. Nicht selten finden die Versicherten die Hilfe der ortsansässigen Ärzte, die unzutreffende Atteste und Gutachten abgeben oder versäumen, bei ihnen entstehende Zweifel an der Echtheit der Unfälle der Polizei oder den betroffenen Versicherern mitzuteilen.

Betrugsepidemien der geschilderten Art ereignen sich vorwiegend im näheren Bereich eines einzelnen Dorfes. Die Bewohner einer kleinen Ortschaft kennen sich gegenseitig und können deshalb bedenkenlos ihre Erfahrungen mit der angewandten Tattechnik austauschen. Darüber hinaus ist in vielen Dörfern ein Kreis schwurfester Männer vorhanden, der eventuell einsetzende polizeiliche Untersuchungen zu einem Mißerfolg werden läßt. – Die Verbände der Versicherungswirtschaft[27] weisen in Rundschreiben immer wieder ihre Mitglieder auf Ortschaften hin, deren Bewohner zum Versicherungsbetrug neigen[28], und warnen vor dem Abschluß von Unfallversicherungen in diesen Gebieten.

Als Beispiel sei eine Betrugsepidemie erwähnt, die sich im Jahre 1931 in Schlesien ereignete[29]. Die Polizei ermittelte dort etwa tausend Personen, die eine Anzahl von Unfallversicherern um erhebliche Summen betrogen hatten. Die einzelnen Betrüger hatten sich mit einer geheimnisvollen Salbe

---

[27] Insbesondere die frühere Fachgruppe 3 der Wirtschaftsgruppe Sachversicherung und der heutige HUK-Verband.

[28] Zu den Orten, in denen Betrügereien aufgrund von Unfallversicherungen in größerem Ausmaß vorgekommen sind, gehören unter anderem Oberelsbach (Saale), Heiligenbüchen (Spessart) und Eichtersheim (Baden).

[29] Der Bericht ist zusammengestellt nach den Angaben von Weichbrodt (Der Versicherungsbetrug, S. 56) und dem Bericht in Neumann, 1931, S. 933.

eingerieben, die wundähnliche Entzündungen hervorrief. Diese Verletzungen wurden als Folgen von Unfällen ausgegeben. Einige Ärzte stellten massenweise Atteste für Patienten aus, die sie niemals gesehen hatten.

4. Die Indizien für das Versicherungsverbrechen

Auch beim Versicherungsverbrechen im Bereich der Unfallversicherung gibt es eine Reihe von Indizien, die den Versicherer auf einen vorliegenden Betrug hinweisen können. Dabei ist vor allem die Art des Versicherungsverhältnisses besonders aufschlußreich. Um seinen Betrug möglichst einträglich zu gestalten, schließt der Verbrecher eine Unfallversicherung ab, deren Umfang seinen wirtschaftlichen Bedürfnissen nicht entspricht; die beantragten Versicherungssummen stehen in keinem Verhältnis zu seiner Einkommens- und Vermögenslage. Der Betrüger, der ein Versicherungsverbrechen in Form der Selbstverstümmelung plant, versichert eine sehr hohe Summe für den Fall der Invalidität, verzichtet dagegen auf die Versicherung eines Tagegeldes; derjenige, der beabsichtigt, den Unfall und/oder seine Folgen vorzutäuschen, legt in erster Linie Wert auf ein reichlich bemessenes Tagegeld. Um das Mißverhältnis zwischen den wirtschaftlichen Verhältnissen und dem Umfang des beantragten Versicherungsschutzes nicht deutlich werden zu lassen, schließt der Betrüger in der Regel mehrere Verträge bei verschiedenen Gesellschaften ab.

Die hohen Versicherungssummen bedingen eine hohe Prämie, die der Betrüger nur mit Schwierigkeiten aufbringen kann. Er beantragt daher, die Prämie in Monats-, Vierteljahres- oder Halbjahresraten zahlen zu können; häufig muß er sich auch die dazu erforderlichen Beträge ausleihen. Er sorgt dafür, daß der „Versicherungsfall" kurz vor einer Prämienfälligkeit eintritt, um den Betrag einer Prämie einzusparen.

Die näheren Umstände des „Unfalles" geben häufig Hinweise auf ein vorliegendes Versicherungsverbrechen. Insbesondere im Fall der Selbstverstümmelung lassen sich aus der Art, Lage und Beschaffenheit der Verletzung wertvolle Schlüsse ziehen. So verletzt sich beispielsweise der Betrüger, der Rechtshänder ist, mit einem Beil den linken Fuß, die linke Hand oder einen Finger der linken Hand; der Linkshänder geht umgekehrt vor. Abgesehen davon, daß diese Art der Verletzung den Verbrecher in seinem weiteren Fortkommen am wenigsten behindert, ist es ihm gar nicht möglich, in anderer Weise zu verfahren, da seine linke (rechte) Hand zu schwach und ungeübt ist, einen Schlag mit ausreichender Kraft und Sicherheit zu führen. Bei Selbstverstümmelung durch Schußwaffen gelten ähnliche Gesetzmäßigkeiten.

Oft kommen Zweifel an der Echtheit des Unfalles auf, wenn die von dem Verletzten gegebene Schilderung des Ereignisses Widersprüche oder Unmöglichkeiten in sich birgt. In der Mehrzahl der Betrugsfälle wird der Unfallhergang frei erfunden. Es liegt auf der Hand, daß der Betrüger bei seiner Darstellung wesentliche Umstände nicht berücksichtigt, weil er nicht an sie gedacht hat; sie können ihn in seiner Tat überführen oder ihn zum mindesten schwer belasten. In Zweifelsfällen empfiehlt es sich deshalb, eine Art Bewegungsstudie durchzuführen, wie sich nach Angaben des Versicherten der Unfall abgespielt haben soll. Die Ergebnisse einer solchen Studie entschädigen oft für die geringe Mühe.

Das Verhalten des Versicherten nach dem Unfall ergibt weitere Möglichkeiten, eine betrügerische Absicht zu erkennen. So ist es verdächtig, wenn der Verunglückte darauf drängt, daß ihm ein verletztes Bein oder ein verletzter Arm abgenommen wird. – Simulation und Prolongation lassen die Frage auftauchen, ob nicht bereits der Unfall vorgetäuscht oder vorsätzlich herbeigeführt wurde.

Es ist eine weit verbreitete Technik der Versicherungsbetrüger, einen Vergleich mit dem Versicherer herbeizuführen, wenn dieser wegen Betrugsverdachtes die Versicherlungsleistung verweigert. Die Vergleichssumme macht dabei oft nur einen Bruchteil dessen aus, was dem Versicherten vertragsmäßig zustehen würde. Im Fall Marek[30] hat sich der Versicherte mit etwa 10% seiner ursprünglichen Forderung zufrieden gegeben, obwohl er im Strafprozeß freigesprochen worden war. Ein derart nachgiebiges Verhalten des Versicherten kommt nahezu einem Eingeständnis seines Verbrechens gleich; der redliche Versicherte würde sich nicht scheuen, seinen Anspruch in einem Zivilprozeß durchzusetzen.

II. Motive

Das Motiv zum Versicherungsverbrechen im Bereich der Unfallversicherung ist in der überwiegenden Mehrzahl der Fälle grenzenlose Habsucht und Geldgier, oft angeregt durch übersteigerten Ehrgeiz oder Geltungsdrang. Die Stärke dieser Beweggründe läßt sich ermessen, wenn man das große Wagnis betrachtet, das der Verbrecher durch eine Selbstverstümmelung eingeht. Außer dem zurückbleibenden Körperschaden nimmt er die Gefahr auf sich, die Leistung aus dem Versicherungsvertrag nicht zu erhalten und wegen Betrugsversuches zu einer langen Freiheitsstrafe verurteilt zu werden. Das Motiv der Habsucht tritt hier noch stärker in Erscheinung als beim Versicherungsmörder, der die unmittelbaren Folgen seines Verbrechens nicht bei sich, sondern bei seinem Opfer eintreten läßt.

Anlaß zum Unfallversicherungsbetrug ist durchweg eine ungünstige wirtschaftliche und finanzielle Lage des Betrügers, die es ihm nicht erlaubt, seine ehrgeizigen und egoistischen Pläne und Wünsche durchzusetzen. – Auch ein geglückter Versicherungsbetrug, der einem Versicherten einen ansehnlichen Betrag eingebracht hat, kann Anlaß für weitere Verbrechen sein; das zeigen die Betrugsepidemien.

---

[30] Vergleiche Seite 93 f.

III. Häufigkeiten

Über absolute und relative Häufigkeiten des Versicherungsverbrechens im Bereich der Unfallversicherung lassen sich keine Angaben machen. Weder die einzelnen Unfallversicherer noch die Verbände der Versicherungswirtschaft[31] führen irgendwelche Statistiken über Fälle von Unfallversicherungsbetrug. Auch die Bundeskriminalstatistik gibt keine Auskunft über diese Art der Kriminalität.

Aus der Unterhaltung mit Schadenbearbeitern von Versicherungsgesellschaften ließ sich eine Erkenntnis über die relative Häufigkeit von Selbstverstümmelungen gewinnen. Der Versicherungsbetrug in dieser Form wird vorwiegend von Personen begangen, die bestimmten Berufen und sozialen Klassen angehören. Es handelt sich um selbständige Kaufleute, Unternehmer und Handelsvertreter[32], die in krisenempfindlichen Wirtschaftszweigen tätig sind. So sind vor allem Bauunternehmer, Kiesgrubenbesitzer, Inhaber kleiner und kleinster Fabrikbetriebe unter den Betrügern zu finden. Unter diesen Umständen bestimmt auch die allgemeine Wirtschaftslage die Häufigkeiten des Versicherungsverbrechens.

IV. Versicherungstechnische Bekämpfung

Die Unfallversicherung ist eine reine Summenversicherung, soweit es sich um die Versicherung von Kapital- oder Rentenbeträgen für den Fall des Todes oder der Vollinvalidität handelt; sie ist eine gestaffelte Summenversicherung, sofern sie im Fall der andauernden Teilinvalidität eine Kapital- oder Rentenzahlung und im Fall der vorübergehenden Arbeitsunfähigkeit ein Tagegeld gewährt. In diesem Bereich weist die Unfallversicherung Elemente der Schadensversicherung auf; die Entschädigung wird unter anderem nach dem Grad der Arbeitsunfähigkeit bemessen[33].

1. Bedingungswerk

Die AUB. enthalten verschiedene Bestimmungen, die den Versicherer zur **Leistungsverweigerung** berechtigen, wenn der Versicherte Gesundheitsschäden vorsätzlich herbeiführt. Nach § 2 AUB. liegt ein Unfall nur dann vor, wenn ein plötzlich von außen wirkendes Ereignis eine unfreiwillige Gesundheitsschädigung hervorruft. Aufgrund von § 3, 4 AUB. sind solche Beschädigungen von der Versicherung ausgeschlossen, die bei Heilmaßnahmen und Eingriffen entstehen, die der Versicherte an seinem Körper vornimmt oder vornehmen läßt, soweit solche Maßnahmen nicht durch einen Versicherungsfall veranlaßt wurden. Die genannten Vorschrif-

---

[31] Befragt wurden der Gesamtverband der Versicherungswirtschaft e. V., Köln, der Verband der Haftpflicht-, Unfall- und Kraftverkehrsversicherer e. V., Hamburg (HUK-Verband) sowie mehrere große deutsche Unfallversicherer.

[32] Der Kreis der Unfallversicherten wird allerdings in erster Linie von den genannten Personen gebildet, so daß auch aus diesem Grund aus ihnen die Mehrzahl der Versicherungsbetrüger hervorgeht.

[33] Vergleiche §§ 6, I, 1, 6, II und 11 AUB.

ten der AUB. begründen in Verbindung mit § 181 VVG.[34] das Risiko des Unfallversicherungsbetrügers, durch seine Tat die Versicherungsleistung zu verwirken, ein Umstand, der zweifellos verbrechenshemmend wirkt.

Wie in allen Versicherungszweigen dienen auch hier die Vorschriften über die O b l i e g e n h e i t e n im Schadenfall und über die Rechtsfolgen einer Obliegenheitsverletzung der versicherungstechnischen Bekämpfung. Nach § 9 AUB. hat der Verletzte innerhalb von vier Tagen einen Arzt zur Behandlung zuzuziehen; diese ist bis zum Abschluß des Heilverfahrens fortzusetzen. Der Versicherer hat das Recht, von den behandelnden Ärzten Auskünfte jeder Art über die Unfallverletzungen einzuholen. Der Verletzte ist weiterhin verpflichtet, sich von Ärzten untersuchen und behandeln zu lassen, die der Versicherer bestimmt. Der Katalog dieser Obliegenheiten wird ergänzt durch die allgemeine Anzeige-, Auskunfts- und Schadenminderungspflicht. – Nach § 10 AUB. wird der Versicherer leistungsfrei, wenn der Versicherte gegen eine dieser Obliegenheiten grobfahrlässig oder vorsätzlich verstößt.

Die bei Eintritt des Versicherungsfalles zu erfüllenden Pflichten erschweren die Ausführung eines Versicherungsverbrechens erheblich. Sie erhöhen das Risiko des Betrügers, da Obliegenheitsverletzungen vom Versicherer erfahrungsgemäß leichter nachgewiesen werden können als die betrügerische Handlung selbst.

Innerhalb des Bedingungswerkes zur Unfallversicherung ist insbesondere die Gestaltung der sogenannten G l i e d e r t a x e (§ 11 AUB.) ein hervorragendes Instrument der versicherungstechnischen Bekämpfung. Es soll deshalb näher auf die gegenwärtige Form dieser Vertragsbestimmung und auf erforderliche Änderungen eingegangen werden.

Die Gliedertaxe legt die Invaliditätsgrade fest, die im Falle einer dauernd beeinträchtigten Arbeitsfähigkeit durch die Gebrauchsunfähigkeit oder den Verlust bestimmter Körperteile angenommen werden. Für die Bemessung der vertragsmäßigen Leistung ist es belanglos, ob durch die Unfallverletzung tatsächlich ein höherer oder geringerer Grad der Arbeitsunfähigkeit als der in der Gliedertaxe angenommene eingetreten ist. Durch dieses Verfahren entsteht der besondere Charakter der Invaliditätsversicherung, die Elemente der Summen- u n d der Schadensversicherung aufweist. Der Vorteil der Summenversicherung, die schnelle und einfache Schadenregulierung, wird mit dem Vorteil der Schadensversicherung kombiniert. In deren Bereich wird die Versicherungsleistung, die Entschädigung, dem durch den Versicherungsfall bei dem Versicherten entstehenden Geldbedarf angepaßt; dadurch soll eine zum Betrug anreizende Bereicherung ausgeschlossen werden.

---

[34] § 181 VVG. lautet: „Der Versicherer ist von der Verpflichtung zur Leistung frei, wenn der von dem Unfall Betroffene den Unfall vorsätzlich herbeigeführt hat . . ."

Die zuletzt genannte Funktion der Gliedertaxe ist nach meiner Meinung nur sehr mangelhaft erfüllt. Ich glaube vielmehr, daß die Gliedertaxe in der derzeitigen Form[35] einen starken Anreiz zur Selbstverstümmelung bildet, da in der Mehrzahl der Fälle der vorgesehene Invaliditätsgrad mit der durch den Unfall tatsächlich eingetretenen Beeinträchtigung der Arbeitsfähigkeit nicht übereinstimmt.

Zwei Beispiele mögen die Unzulänglichkeiten der Gliedertaxe veranschaulichen: Ein Geistesarbeiter, der den größten Teil seiner Arbeitszeit am Schreibtisch sitzend verbringt, verliert durch einen Unfall ein Bein oder einen Fuß. Aufgrund von § 11 AUB. wird die dadurch hervorgerufene Invalidität mit 50% angenommen. In Wirklichkeit ist er durch eine solche Verletzung in weit geringerem Maße bei der Ausübung seines Berufes behindert. Eine Selbstverstümmelung, die den Verlust eines Beines zur Folge hätte, würde den Versicherten bereichern. Ein Artist (Tänzer, Berufssportler), der bei einem Unfall den gleichen Körperschaden davonträgt, wäre dagegen nicht nur zur Hälfte, sondern voll arbeitsunfähig. – Ein Pianist und ein Büroangestellter erleiden Unfälle, durch die jeweils die Gebrauchsfähigkeit des linken Zeigefingers aufgehoben wird. Der Invaliditätsgrad wird bei beiden Versicherten mit je 10% angenommen, obwohl er wegen der verschiedenen Berufe unterschiedlich hoch ist.

Im Interesse der versicherungstechnischen Bekämpfung der Selbstverstümmelung ist zu fordern, daß die Versicherung für den Fall der Invalidität in verstärktem Maße den Charakter einer Schadensversicherung annimmt, indem die Gliedertaxe – sofern sie überhaupt noch in die AUB. aufgenommen wird – den individuellen Bedürfnissen der einzelnen Versicherten angepaßt wird. Bei der Bestimmung der Invaliditätsgrade muß in erster Linie der Beruf des Versicherten berücksichtigt werden. Das könnte praktisch so durchgeführt werden, daß in einem Katalog für einzelne Berufe oder Berufsgruppen die verschiedenen Invaliditätsgrade fest-

---

[35] § 11, A, 1 AUB. lautet:
„Als feste Invaliditätsgrade werden unter Ausschluß des Nachweises eines höheren oder geringeren Grades angenommen:
a) bei vollständigem Verlust oder vollständiger Gebrauchsunfähigkeit
    eines Armes oder einer Hand 60%
    eines Beines oder eines Fußes 50%
    eines Daumens 20%
    eines Zeigefingers 10%
    eines anderen Fingers 5%
    einer großen Zehe 5%
    einer anderen Zehe 2%
b) bei gänzlichem Verlust der Sehkraft beider Augen 100%
    bei gänzlichem Verlust der Sehkraft eines Auges 30%
    sofern jedoch die Sehkraft des anderen Auges vor Eintritt des Versicherungsfalles bereits verloren war 50%
    bei gänzlichem Verlust des Gehörs auf beiden Ohren 60%
    bei gänzlichem Verlust des Gehörs auf einem Ohr 15%
    sofern jedoch das Gehör auf dem anderen Ohr vor Eintritt des Versicherungsfalles bereits verloren war 30%

gelegt werden und bei Vertragsabschluß die infrage kommenden Prozentsätze vereinbart werden. — In dem oben angeführten zweiten Beispiel sollte der angenommene Grad der Arbeitsunfähigkeit für den Pianisten etwa 80 bis 90%, für den Büroangestellten 0 bis 5% betragen. — Selbstverstümmelungen werden so lange vorgenommen, wie sie infolge einer unzulänglichen Gliedertaxe dem Betrüger einen Geldbetrag einbringen, der dessen Behinderung im Berufsleben bei weitem überkompensiert.

Verbrechenshemmend wirken schließlich im Einzelfall zu vereinbarende Klauseln, die die Leistungspflicht des Versicherers beschränken, wenn bereits vor dem Unfall bestehende Krankheiten oder Gebrechen die Invalidität herbeiführen oder erhöhen. Diese Klauseln dienen insbesondere der Bekämpfung der Dissimulation.

2. Büromäßige Bearbeitung der Versicherungsverträge

Weitere Möglichkeiten der versicherungstechnischen Bekämpfung ergeben sich auch im Bereich der Unfallversicherung durch besondere Vorkehrungen bei der büromäßigen Bearbeitung der Versicherungsverträge. — Von Bedeutung ist die Gestaltung der Antragsformulare. Weichbrodt[36] schlägt vor, daß der zu Versichernde im Antrag oder in einem besonderen Vordruck genaue Angaben über seine Berufstätigkeit und über seine Vermögens- und Einkommensverhältnisse während der letzten drei Jahre machen solle. Diese Umstände, die die Qualität des subjektiven Risikos bestimmen, können auch von dem vermittelnden Vertreter oder dem örtlich zuständigen Außenbeamten (Inspektor) festgestellt werden.

Das subjektive Risiko in der Unfallversicherung ergibt sich in erster Linie durch ein Mißverhältnis zwischen der wirtschaftlichen Lage des Versicherten und dem Umfang des vertraglichen Versicherungsschutzes in Verbindung mit einem schlechten Ruf oder Charakter der versicherten Person. Eine Unfallversicherung mit hohen Versicherungssummen wirkt verbrechensanreizend, wenn sich der Versicherte in schlechten finanziellen Verhältnissen befindet, ein Nachteil, der mit jeder Art von Summenversicherung verbunden ist. Mahr[37] schreibt dazu: „Weil die Versicherungsleistung in keiner Relation zu dem faktischen Schaden steht, dieser sich mitunter auch gar nicht bewerten läßt, kann die Versicherungsleistung bei der Summenversicherung unter Umständen die wirtschaftliche Situation der betreffenden Wirtschaft oder ihres Nachfolgers unerwartet verbessern. Um der Gefahr einer daraus resultierenden unredlichen Ausnützung der Versicherung vorzubeugen, suchen die Versicherer die versicherten Summen nach oben auf die Leistungsfähigkeit der betreffenden Wirtschaft

---

[36] Weichbrodt: Der Versicherungsbetrug, S. 95.
[37] Mahr: Einführung in die Versicherungswirtschaft, S. 101.

zu begrenzen"; beim Abschluß von Unfallversicherungen ist deshalb unbedingt darauf zu achten, daß die **Höhe der beantragten Versicherungssummen** den Einkommens- und Vermögensverhältnissen des Versicherten entspricht.

Bei der Bemessung eines Kapitalbetrages, der für den Fall des Todes versichert wird, gelten ähnliche Grundsätze wie bei der Ermittlung der Versicherungssumme zu einer Lebensversicherung. – Größere Schwierigkeiten entstehen im allgemeinen, wenn der für den Fall der Invalidität zu versichernde Betrag festgelegt werden soll. Der Versicherte kann sich im Zeitpunkt des Vertragsabschlusses nicht vorstellen, wie sein Leben nach einem eventuell eintretenden Unfall verlaufen wird, der seine Arbeitsunfähigkeit herbeiführt. Es ist für ihn völlig ungewiß, ob und in welchem Umfang er am Berufsleben teilnehmen und dadurch den Lebensunterhalt für sich und seine Familie bestreiten kann. Der durch den Unfall entstehende Geldbedarf ist unbestimmt, so daß man bei der Bemessung der zu versichernden Summe auf Schätzungen und Vermutungen angewiesen ist. – Die Höhe des für den Fall der vorübergehenden Arbeitsunfähigkeit versicherten Tagegeldes muß sich nach dem durchschnittlichen Einkommen des Versicherten in der Vergangenheit richten. Bei Festangestellten, deren Gehalt bei Eintritt eines Unfalles weitergezahlt wird, und bei Personen ohne Beruf (Hausfrauen, Rentner) sollte die Versicherung eines Tagegeldes abgelehnt werden.

Gegen den betrügerischen Mißbrauch von Versicherungsverträgen richten sich die von den meisten Gesellschaften erlassenen internen Anweisungen, nach denen die **Versicherungssummen** für den Todes-, für den Invaliditätsfall und für Tageld **in einem bestimmten Verhältnis** untereinander stehen sollen. Im allgemeinen wird eine Todesfall- und Tagegeldversicherung nur in Verbindung mit einer Invaliditätsversicherung gewährt. Dabei soll die Versicherungssumme für den Invaliditätsfall mindestens das Doppelte der Summe für den Todesfall betragen; das versicherte Tagegeld soll nicht mehr als $1/3\%_{00}$ des für den Todes- und Invalitätsfall zusammen versicherten Kapitals ausmachen. Durch solche Maßnahmen kann verhindert werden, daß Betrüger Versicherungen abschließen, die auf ihre Betrugsabsichten genau abgestimmt sind.

Da sich der Versicherungsbetrüger in vielen Fällen bei mehreren Gesellschaften versichert, um nicht durch eine auffallend hohe Versicherungssumme seine Betrugsabsichten erkennen zu lassen, gebührt der Frage der **Doppel- und Mehrfachversicherung** besondere Aufmerksamkeit. Der für die Antragsbearbeitung zuständige Sachbearbeiter hat die entsprechenden Angaben des Antragstellers genau zu überprüfen.

Seit einiger Zeit besteht ein **Auskunftsdienst** über Versicherte, die sich im Zusammenhang mit Unfallversicherungen in irgendeiner Weise betrügerisch verhalten haben. Der Verband der Haftpflicht-, Unfall- und

Kraftverkehrsversicherer e. V., Hamburg (HUK-Verband) verschickt an seine Mitgliedsunternehmen Rundschreiben, die die Namen und Anschriften dieser Betrüger bekanntgeben. Durch diese „schwarze Liste" kann das Versicherungsverbrechen – vor allem dessen berufsmäßige Ausübung – wirksam bekämpft werden, wenn bei den Gesellschaften in jedem Falle nachgeprüft wird, ob ein Antragsteller nicht unter den betrügerischen Personen genannt ist.

3. Zusammenarbeit zwischen Versicherern und Ärzten

Die Maßnahmen der versicherungstechnischen Bekämpfung bei Eintritt des Versicherungsfalles betreffen in erster Linie die Zusammenarbeit zwischen den Ärzten, die den Verunglückten behandeln, und den betroffenen Versicherern. Hier bestehen teilweise erhebliche Unzulänglichkeiten. Das liegt – von wenigen Ausnahmen abgesehen – nicht etwa an einem bösen Willen der Ärzte; der Arzt sieht eben in seinem Patienten a priori nicht den Betrüger, sondern den Patienten und läßt sich deshalb oft lange Zeit hindurch von dessen Tricks und Raffinessen täuschen, weil er an einen Betrugsversuch gar nicht denkt. Dieser Umstand und die häufig anzutreffende Arbeitsüberlastung der Ärzte führen oft zu Fehldiagnosen und unzutreffenden Gutachten.

Der folgende Fall[38] möge das Gesagte veranschaulichen: Ein Kaufmann aus Eitorf/Sieg gab im Jahre 1905 an, er sei in einer Kurve gegen die Wand eines Eisenbahnabteils geschleudert worden und habe dabei eine Schädelverletzung erlitten, die ihn arbeitsunfähig mache. Trotz Untersuchungen durch zahllose Ärzte, trotz monatelanger Aufenthalte in Kranken- und Irrenhäusern konnte ihm erst nach 26 Jahren nachgewiesen werden, daß er überhaupt keine Verletzungen erlitten hatte. Sechsundzwanzig Jahre lang hatte er den Ärzten Krankheiten und Beschwerden aller Art vorgetäuscht und in diesem Zeitraum Versicherungsleistungen von über 100 000 Mark eingestrichen.

Der Hausarzt eines Verunglückten ist im allgemeinen am besten dazu geeignet, ein betrügerisches Verhalten festzustellen; er ist jedoch auch häufig geneigt, sich in seiner Diagnose und Berichterstattung von dem Patienten beeinflussen zu lassen. Ein fremder Arzt, der den Versicherten aufgrund des Unfalles zum erstenmal behandelt, kann nur selten die Täuschungsmanöver des Betrügers erkennen. Oft nimmt er auch die schweren Symptome, die dieser vorbringt, ohne eingehende Untersuchung hin, um nicht den neu gewonnenen Patienten durch unangenehme Recherchen wieder zu verlieren. – Die beste Lösung der bei der Zusammenarbeit zwischen Ärzten und Versicherern entstehenden Probleme kann meines Er-

---

[38] Der Bericht ist zusammengestellt nach den Angaben von L a d i g e s (Betrügerische Unfallverletzte, a.a.O., S. 552) und W e i c h b r o d t (Versicherungsbetrug, S. 65 ff.).

achtens dadurch gefunden werden, daß die Gesellschaften selbst medizinische Sachverständige beschäftigen, die insbesondere mit den Untersuchungsmethoden vertraut sind, durch die der Versicherungsbetrüger seiner Tat überführt werden kann. Diese Ärzte wären in Zusammenarbeit mit ihren Kollegen, die den Verletzten in der Zeit vor dem Unfall wegen anderer Krankheiten behandelt haben und den Patienten deshalb kennen, ohne Zweifel in der Lage, begangene Versicherungsverbrechen aufzudecken.

Die zu große **Vergleichsbereitschaft** der Gesellschaften in Fällen, in denen Betrugsverdacht vorliegt, ist bereits mehrfach erwähnt worden. Sie bildet einen Anreiz zum Versicherungsverbrechen und sollte deshalb eingeschränkt werden.

4. Das Agentenwesen

Weitere Möglichkeiten der versicherungstechnischen Bekämpfung sind auf dem Gebiet des Agentenwesens gegeben. Da sich keine Besonderheiten gegenüber den Verhältnissen im Bereich der Feuerversicherung ergeben, sei auf die Ausführungen verwiesen, die bei der Erörterung der Brandstiftungskriminalität gemacht wurden.

Sechstes Kapitel

Das Versicherungsverbrechen in anderen Versicherungszweigen

Zum Abschluß sei noch ein Überblick gegeben, in welcher Form Versicherungsverbrechen in anderen Versicherungszweigen vorkommen. Wenn sie im Einzelfall auch nur selten ein so großes Ausmaß annehmen wie im Bereich der Feuer-, Lebens- und Unfallversicherung, so stellen sie doch beachtenswerte Tatbestände dar; die aufgrund betrügerischer Handlungen der Versicherten ausgezahlten Beträge bilden ohne Zweifel einen erheblichen Anteil an den gesamten Schadenszahlungen der Versicherer. – Es muß an dieser Stelle erneut auf die Notwendigkeit hingewiesen werden, Statistiken über alle Fälle von Versicherungsbetrug zu führen, damit die zu bekämpfenden betrügerischen Verhaltensweisen in allen Einzelheiten erkannt werden können.

In der Transportversicherung kommen Betrügereien sehr häufig vor. Die Transportversicherung umfaßt zahlreiche Versicherungsarten; es können Güter (einschließlich Valoren), Transportmittel oder Interessen gegen Gefahren versichert werden, die während eines See-, Fluß-, Land- oder Lufttransportes drohen. Zur Transportversicherung zählen im allgemeinen auch die Garderoben- und Automatenversicherung. Der weite Bereich dieses Versicherungszweiges führt zu mannigfaltigen Erscheinungsformen des Versicherungsverbrechens. Die Skala der Betrügereien reicht vom Einbau von Höllenmaschinen in das Transportmittel oder das zu befördernde Gut[1] über die sogenannten Diebstähle à l'américaine, bei denen im geeigneten Augenblick ein Wertpaket gegen ein gleichartig aussehendes Paket mit wertlosem Inhalt ausgetauscht wird, bis zu plumpen Versuchen, sich aufgrund einer Reisegepäckversicherung für einen alten, abgenützten Schirm oder Hut neuwertigen Ersatz zu beschaffen.

Im Bereich der Leitungswasser- und Glasversicherung sind nur wenige Fälle von Versicherungsbetrug bekannt. Im Bereich der Sturmschadenversicherung, in der der Versicherungsfall nicht

---

[1] Bekannt ist das Versicherungsverbrechen des Kaufmannes Thomas, das sich 1875 ereignete. Der Verbrecher hatte in ein Faß, das zu einer hochversicherten Seefracht gehörte, eine Höllenmaschine eingebaut, die das Behältnis während der Seereise explodieren lassen sollte. Die Explosion erfolgte jedoch bereits vor der Abfahrt des Schiffes im Hafen von Bremen und richtete dort verheerenden Schaden an. Über 100 Personen wurden getötet. – Noch heute werden Uhrwerke, die eine Zeitzündung auslösen sollen, nach diesem Verbrecher „Thomasuhren" genannt.

vorsätzlich herbeigeführt werden kann, ist es dagegen häufig anzutreffen, daß betrügerische Versicherungsnehmer nach heftigen Stürmen Schäden anmelden, die in Wirklichkeit auf Alter, Abnützung oder andere Ursachen zurückzuführen sind. Infolge der an stürmischen Tagen auftretenden Schadenhäufung ist es den Versicherern nicht möglich, alle Schadenfälle genau zu überprüfen.

Vielfältig sind die Erscheinungsformen des Versicherungsbetruges im Bereich der Kraftfahrzeugkaskoversicherung. Diese Art der Kriminalität ist in unseren Tagen wegen des zunehmenden Bestandes an Kraftfahrzeugen stark im Ansteigen begriffen; die Versicherungswirtschaft sollte ihr deshalb ihr besonderes Augenmerk widmen. – Häufig werden alte, minderwertige Autos in Brand gesetzt und vernichtet, oder Mitglieder von Verbrecherbanden „entwenden" sich gegenseitig versicherte Personenkraftwagen. Sobald die vertragsmäßige Leistung von dem Versicherer erbracht wurde, werden die Fahrzeuge bei anderen Gesellschaften versichert, und das gleiche Verfahren wiederholt sich. Oft werden Kraftfahrzeuge in Abgründe gestürzt oder in Gewässern versenkt, um auf diese Weise Verkehrsunfälle oder Diebstähle vorzutäuschen. Die Fahrzeuge sind dabei in der Regel mehrfach versichert.

Betrügereien aufgrund von privaten Krankenversicherungen, Kredit- und Regenversicherungen sind selten. Immerhin hat sich der menschliche Erfindungsgeist auch bereits damit befaßt, wie die Regenversicherung in unredlicher Weise ausgenützt werden kann. So sind Fälle bekannt, in denen Versicherte die mit der Messung der Niederschlagsmengen beauftragten Beamten bestochen haben, einen Schuß Leitungswasser in den Regenmesser zu geben[2].

Das Versicherungsverbrechen in den bisher genannten Versicherungszweigen kann im wesentlichen durch die bei der Behandlung des Brand-, Lebens- und Unfallversicherungsbetruges genannten Maßnahmen (Bedingungswerk, büromäßige Bearbeitung und Agentenwesen) bekämpft werden. Völlig andersartige Probleme entstehen jedoch im Zusammenhang mit einer versicherungstechnischen Bekämpfung von Betrügereien, die im Bereich der Haftpflichtversicherung begangen werden. Im Verlauf einer Haftpflichtschadenregulierung können drei Personen auftreten, der Versicherungsnehmer, der Versicherte und der geschädigte Dritte. Sofern dieser Dritte, der Anspruchsteller ist, durch Täuschungshandlungen eine möglichst hohe Entschädigung zu erhalten versucht, liegt kein Versicherungsverbrechen im Sinne dieser Arbeit vor, da der Betrüger nicht einen bestehenden Versicherungsvertrag, sondern einen den Versicherten zum Schadenersatz verpflichtenden Sachverhalt ausbeutet. Ein Versicherungsverbrechen ist nur dann gegeben, wenn sich Versicherungsnehmer

---

[2] Über derartige Fälle berichtet VW, 1951, S. 500 und Westfälisches Volksblatt, Paderborn vom 10. 2. 1954.

(oder Versicherter) und Geschädigter untereinander absprechen, den Versicherungsfall vorsätzlich herbeizuführen oder vorzutäuschen, oder wenn sie sich darüber einig sind, den Versicherer nach einem eingetretenen Schadenfall durch falsche Angaben zu einer möglichst hohen Leistung zu veranlassen. Solche Fälle größeren Ausmaßes sind in Deutschland nicht bekanntgeworden. Dagegen liegen aus den Vereinigten Staaten Berichte vor[3], nach denen Mitglieder von Verbrecherbanden in großem Umfang Verkehrsunfälle inszenierten, bei denen ein Mitglied der Bande als Fahrer eines Kraftfahrzeuges ein anderes Mitglied – vorsichtig – überfuhr und dabei verletzte, während andere Helfershelfer als Zeugen auftraten; mit vertauschten Rollen wurde kurze Zeit darauf der nächste „Verkehrsunfall" in Szene gesetzt.

---

[3] Diese Berichte befinden sich im Archiv des Gesamtverbandes der Versicherungswirtschaft e. V., Köln.

Schlußwort

Das Versicherungsverbrechen ist in seinen Erscheinungsformen, Motiven und Häufigkeiten ein äußerst vielschichtiges Erkenntnisobjekt, bedingt durch die Vielzahl der Versicherungszweige und -arten. Weil das dem Versicherungsverhältnis innewohnende besondere Vertrauensverhältnis einen Anreiz zur betrügerischen Ausnützung der Versicherungseinrichtung darstellt, ist seit jeher eine außerordentliche Aktivität des menschlichen Erfindungsgeistes auf dem Gebiet des Versicherungsbetruges vorhanden gewesen, die ihren Niederschlag in einer Unzahl raffinierter Verbrechenstaktiken findet. Es gibt wohl kaum irgendwelche Tricks, Listen oder technische Hilfsmittel, die bei der Begehung von Versicherungsbetrügereien noch nicht angewandt worden wären.

Das Versicherungsverbrechen ist in der Lage, grenzenloses menschliches Leid hervorzurufen, großen volkswirtschaftlichen Schaden anzurichten. Es ist imstande, in weiten Kreisen eines Volkes die Begriffe von Ethik und Moral zu zerrütten und so zum Ausgangspunkt einer weitgehenden Demoralisation zu werden.

Es kann nicht eindringlich genug gefordert werden, dieses Übel mit allen zur Verfügung stehenden Mitteln zu bekämpfen. Die Möglichkeiten, die der Versicherungswirtschaft in Form einer versicherungstechnischen Bekämpfung an die Hand gegeben sind, bleiben häufig ungenutzt, oft in der falschen Hoffnung, durch eine gewisse Kulanz das weitverbreitete Vorurteil gegen das Versicherungswesen zu beseitigen. Hier werden jedoch meines Erachtens Ursache und Wirkung vertauscht; neben anderen Ursachen waren es oft Mißstände in der Versicherungswirtschaft selbst – vor allem eine gewisse Nachlässigkeit dem Tatbestand des Versicherungsverbrechens gegenüber – die die Voreingenommenheit gegen das Versicherungswesen und damit den Gedanken an Versicherungsbetrug hervorriefen.

Das Ausmaß des Versicherungsverbrechens in unserer Zeit sollte für die Versicherungsgesellschaften Anlaß sein, ihren Kampf gegen die Ausbeuter der Versicherungseinrichtung zu intensivieren. Welche Möglichkeiten dazu zur Verfügung stehen, soll die vorliegende Arbeit aufzeigen.

Das Versicherungsgeschäft ist ein „negotium maximae fidei". Möge es den vereinten Anstrengungen gelingen, nicht nur das Vertrauen der Versicherten zu den Versicherern zu stärken, sondern auch das Vertrauen der Versicherer zu ihren Versicherten zu bestätigen.

Literaturverzeichnis

I. Lehrbücher, Handbücher, Abhandlungen

Arnold, Hans: Selbstmord in der Lebensversicherung, VW., 1955, S. 337.

Arps, Ludwig: Mordet die Lebensversicherung?, VW., 1953, S. 266.

Augustin: Auslobung in Brandsachen, Erfahrungen aus Schleswig-Holstein, Vorträge über Fragen der Brandermittlung, herausgegeben von Helmer, Kiel 1958, S. 381 ff.

Babstüber, Otto: Die Überversicherung, Zeitschrift, 1906, S. 66 ff.

Beenken, C. D.: Die öffentlich-rechtliche Feuerversicherung und die Brandermittlung, Vorträge über Fragen der Brandermittlung, herausgegeben von Helmer, Kiel 1958, S. 35 ff.

Bennewitz, Carl: Zur Problematik des Versicherten-Selbstmordes, VW., 1955, S. 553.

Berg, S.: Zur Bewertung medizinischer und biologischer Befunde an Tatverdächtigen in Brandfällen, Vorträge über Fragen der Brandermittlung, herausgegeben von Helmer, Kiel 1958, S. 95 ff.

Bleuler, Manfred: Lehrbuch der Psychiatrie, 6. Auflage, Berlin 1937.

Braeß, Paul: Gegenwartsfragen der deutschen Feuerversicherung, Die Deutsche Volkswirtschaft, 1938, S. 248 ff.

Brückner, Herbert: Die Ursachen für den Schadenverlauf in der Feuerversicherung einiger außerdeutscher Länder, Zeitschrift des Instituts für Weltwirtschaft an der Universität Kiel, 51. Band, 1940, Heft 1, S. 139 ff.

Campbell, Alexander: Insurance and Crime, New York und London 1902.

Conen, Marianne: Vortäuschungen von Unfällen und ihren Folgen in gewinnsüchtiger Absicht, Allgemeine Zeitschrift für Psychatrie, Band 98 (1932), S. 150 ff.

Domizlaff, Karl: Feuerversicherung, 2. Auflage von Blase, Berlin 1923.

Ecker, A.: Der Brandschaden an der landwirtschaftlichen Produktion und seine Bedeutung für die Volksernährung, Mitteilungen, 1915, S. 267 ff.

Ewald, Hans: Die Brandstiftung und ihre Bekämpfung, Wirtschaft und Recht der Versicherung, 59. Gesamtjahrgang, Berlin 1927.

Exner, Franz: Kriminologie, 3. Auflage der Kriminalbiologie, Berlin – Göttingen – Heidelberg 1949.

Feilchenfeld, Leopold: Die Täuschungen bei Unfällen und die Unfallversicherung, Zeitschrift, 1904, S. 451 ff.

Framheim, Ernst: Die Herbeiführung des Versicherungsfalles, Veröffentlichungen des Deutschen Vereins für Versicherungs-Wissenschaft, Heft XLI, Berlin 1927.

Frei-Sulzer: Die Rolle des Experiments in Brandermittlungsfällen, Vorträge über Fragen der Brandermittlung, herausgegeben von Helmer, Kiel 1958, S. 39 ff.

Gerboth, Heinz: Der Brandschadenverlauf der letzten fünf Jahre, Neumann, 1932, S. 210, 245 und 295.
- Der Brandschadenverlauf im Jahre 1932 – auch im Vergleich zu den Vorjahren, Neumann, 1933, S. 313.

Grassberger, Roland: Die Brandlegungskriminalität, eine Untersuchung über ihre Ausdehnung, Bedingungen und Bekämpfung, Wien 1928.
- Brandversicherungsbetrug in Städten und Neuwertversicherung, Zeitschrift, 1930, S. 189 ff.
- Von der möglichen zur wirklichen Brandursache, Vorträge über Fragen der Brandermittlung, herausgegeben von Helmer, Kiel 1958, S. 347 ff.

Gutmann, Ulrich: Motive für Brandstiftungen, Neumann, 1939, S. 82 und 113.

Haasen, Herbert: Selbstmordwartezeiten in der Lebensversicherung, VW., 1955, S. 396.

Härler, Hasso: Selbstmordwartezeiten in der Lebensversicherung, VW., 1955, S. 473.

Hallermann, W.: Gibt es eine Pyromanie?, Vorträge über Fragen der Brandermittlung, herausgegeben von Helmer, Kiel 1958, S. 307 ff.

Hansen, J.: Die Brandstiftungsseuche, Neumann, 1925, S. 186.

Helmer, Georg: Die Frau als vorsätzliche Brandstifterin, Vorträge über Fragen der Brandermittlung, herausgegeben von Helmer, Kiel 1958, S. 217 ff.

Henne, Heinrich: Einführung in die Beurteilung der Gefahren bei der Feuerversicherung von Fabriken und gewerblichen Anlagen, 5. Auflage, Berlin 1937.

von Hentig: Verbrechertaktik, Handwörterbuch der Kriminologie, 2. Band, S. 894 ff., Berlin und Leipzig 1933.

Hermannsdorfer, Fritz: Versicherungswesen, Berlin 1928.

Herz, Hugo: Die Versicherung gegen wirtschaftliche Schädigung durch Verbrechen, Zeitschrift, 1908, S. 435 ff.

von Hippel, Robert: Deutsches Strafrecht, 2. Band: Das Verbrechen, Allgemeine Lehren, Berlin 1930.

Jach, Wilhelm: Neue Erfahrungen mit Selbstentzündungsvorgängen, Vorträge über Fragen der Brandermittlung, herausgegeben von Helmer, Kiel 1958, S. 137 ff.

Jannot, K.: Wirtschaftskrise und Versicherungswesen, Jena 1932.

Julier, Maximilian: Die Erforschung der Brandstiftungsmotive – ein Beitrag zur Aufklärung von Brandfällen, ZfV., 1952, S. 43.
- Wirtschaftslage, Brandstiftung und Brandversicherungsbetrug, Neumann, 1931, S. 817 ff.

Kallbrunner, Hermann: Brandstiftung und Brandentstehung durch Zufall, Neumann, 1939, S. 323.

Klaar: Erfahrungen mit einer pommerschen Brandstiftungsbande, ArchKrim., Band 100, S. 225 ff., Band 101, S. 47 ff., 128 ff., 232 ff.

Kleinfeller: Brandstiftung und Versicherungsbetrug, Versicherung und Geldwirtschaft, 1927, S. 285 ff.

Kohlhaas, Max: Versicherungsbetrug des § 265 StGB., VersR., 1955, S. 465 ff.

Kreuzhage, Hans: Der Versicherungsbetrug, VW., 1947, S. 189 ff.
- Der Versicherungsbetrug in juristischer, kriminalistischer und versicherungstechnischer Beleuchtung, Langenfeld 1950.

Kuhr, Elfriede: Das Selbstmordproblem, Wirtschaft und Recht der Versicherung, 63. Jahrgang, Berlin 1931.

Ladiges, J.: Betrügerische Unfallverletzte, Neumann, 1932, S. 552.

Leszczynski, Christian: Die Anwendung der chemischen Reaktionskinetik auf Probleme der Brandursachenerforschung, Vorträge über Fragen der Brandermittlung, herausgegeben von Helmer, Kiel 1958, S. 49 ff.

Lichtenberg, Heinz: Physikalisch-chemische Untersuchungsmethoden zur Identifizierung von Brandasservaten (IR-, UV- und Emissionsspektrographie, einschließlich der Röntgenfeinstrukturuntersuchung), Vorträge über Fragen der Brandermittlung, herausgegeben von Helmer, Kiel 1958, S. 161 ff.

Loitz, Rolf: Versicherungsbetrug nach Überversicherung, VW., 1954, S. 94.
- Anzeichen vorsätzlicher Brandstiftungen, VW., 1956, S. 432 ff.

Lorenz, Paul: Feuerschäden, Niederschlagshöhe und Konjunktur, Neumann, 1932, S. 541 ff. und 565 ff.

Mahr, Werner: Die Konjunkturabhängigkeit der Feuerversicherung, Zeitschrift, 1934, S. 43 ff.
- Einführung in die Versicherungswirtschaft, Berlin 1951.

Manes, Alfred: Versicherungslexikon, Berlin 1930.
- Versicherungswesen, Leipzig und Berlin 1930–1932.
  I. Band: Allgemeine Versicherungslehre
  II. Band: Güterversicherung
  III. Band: Personenversicherung.
- Versicherungsverbrechen, Schweizerische Versicherungszeitschrift, 1947/48, S. 33 ff.

Meinert, Franz: Die Brandstiftung und ihre kriminalistische Erforschung, Lübeck 1950.

Nelken, Sigismund: Die Brandstiftung, ihre Ursachen, Feststellung und Verhütung, Berlin 1925.
- Verbrechen und Versicherung, Berlin 1928.
- Der Fall Richardz, ArchKrim., Band 91, S. 31 ff.

Polke: Vorgetäuschte Verbrechen, insbesondere auf dem Gebiet des Versicherungsbetrugs, ArchKrim., Band 95, S. 104 ff.

Rapp, A.: 10 Jahre Feuerversicherungsergebnisse der Deutschen Privat-Gesellschaften 1929–38, Gotha 1939.

Reinhardt, Heinz: Der Brandversicherungsbetrug, ArchKrim., Band 102, S. 60 ff. und 226 ff.

Riebesell, Paul: Konjunktur und Feuerschaden, Neumann, 1927, S. 29 ff.
- Konjunktur und Feuerschaden, Versicherung und Geldwirtschaft, 1928, S. 297 ff.
- Konjunktur und Feuerschaden, Deutsche öffentlich-rechtliche Versicherung, 1936, S. 277 ff.

Roesner: Versicherungsbetrug, Handwörterbuch der Kriminologie, 2. Band, S. 953 ff., Berlin und Leipzig 1933.

Sachs, Heinrich: Die Unfallneurose, Breslau 1909.

Samson, Josef: Über den Verlauf von Unfällen Versicherter, Zeitschrift, 1905, S. 83 ff.

Sauer, Wilhelm: Kriminalsoziologie, Berlin 1933. Band I: Methode und Richtungen; Band II: Verbrecher und Verbrechertypen; Band III: Ergebnisse und neue Aufgaben.

Schöntag, Adolf: Neue Erkenntnisse zur Aufklärung von Brandzündungen durch elektrischen Strom, Vorträge über Fragen der Brandermittlung, herausgegeben von Helmer, Kiel 1958, S. 75 ff.

Schmitt, Kurt: Versicherungsvertrag, Neumann, 1927, S. 1092 ff.

Schultz, Karl: Versicherungsmord, Hamburg 1956.

Seelig, Ernst: Lehrbuch der Kriminologie, 2. Auflage, München und Düsseldorf 1951.

von Spessard, H.: Der Versicherungsbetrug im Reichsstrafgesetzbuch, Marburg 1885.

Stockmann, Herbert: Versicherungsärzte diskutieren Probleme der Unfallversicherung, VW., 1954, S. 550.

Sturm: Zur Frage des Selbstmordes, Die öffentlich-rechtliche Versicherung, 1929, S. 217 ff.
Thier, Fritz: Brandstiftung und Brandversicherungsbetrug, Wirtschaft und Recht der Versicherung, 59. Gesamtjahrgang, Berlin 1927.
Tramm - Hellwig - Rhode: Brandstiftungen und Brandursachen, Kiel 1923.
Vogel, O.: Brandstiftungen und ihre Bekämpfung, Berlin 1929.
– Brandstiftung, Handwörterbuch der Kriminologie, 1. Band, S. 195 ff., Berlin und Leipzig 1933.
Wagner: Kriminalwissenschaft als Helferin der Versicherer, VW. 1952, S. 92.
Weck, Hermann: Brandstiftung und Brandversicherungsbetrug, Wirtschaft und Recht der Versicherung, 58. Gesamtjahrgang, Berlin 1927.
Wegmann, Rudolf: Die Deckung des Selbstmordrisikos in der Lebensversicherung, Schweizerische Versicherungszeitschrift, 1955/56, S. 397.
Weichbrodt, Raphael: Der Versicherungsbetrug, Bern 1940.
Weimar, Wilhelm: Der Versicherungsbetrug gemäß § 265 StGB., ZfV., 1950, Nr. 3, S. 3.
Wilke - Düker - Elle: Versicherungslehre, 4. Auflage, Bad Homburg – Berlin – Zürich 1958.
Wulffen, Erich: Kriminalpsychologie, Berlin 1926.
Zirpins, Walter: Wirtschaftskriminalistik bei der Brandermittlung, Vorträge über Fragen der Brandermittlung, herausgegeben von Helmer, Kiel 1958, S. 177 ff.
– Handbuch der Unfallmedizin, herausgegeben von C. Kaufmann, Band I und II, Stuttgart 1915.
– Handbuch für die gesamte Unfallheilkunde, herausgegeben von König und Magnus, Band I bis IV, Stuttgart 1932.
– Betrug und Urkundenfälschung, Arbeitstagung im Bundeskriminalamt Wiesbaden vom 23.–28. 4. 1956, Sonderdruck, Wiesbaden 1956.
– Statistische Jahrbücher für die Bundesrepublik Deutschland.

II. Dissertationen

Huber, Richard: Die Herbeiführung des Versicherungsfalles durch den Versicherungsnehmer, Diss. jur., Köln 1931.
Jerrentrup, H. H.: Die Brandstiftung in kriminalsoziologischer Betrachtung, Diss. jur., Münster 1937.
Krause, Friedrich: Die Überversicherung im Privatversicherungsrecht, Diss. jur., Leipzig 1908.
Kurmann, Robert: Betrügerische Handlungen des Versicherungsnehmers, Diss. jur., Bern 1944.
Lomen, Heinrich: Arglistiges Verhalten in der Personenversicherung, Diss. jur., Marburg 1933.
Matschewsky, Hans: Der Versicherungsbetrug im künftigen Recht, Diss. jur., Köln 1934.
Mensing, Kurt: Versicherungsbetrug, Diss. med., Jena 1932.
Meyer, Walter: Der Vorsatzbegriff im Versicherungsrecht, Diss. jur., Köln 1957.
Neubert, Gottfried: Schuldhafte Herbeiführung des Versicherungsfalles, Diss. jur., Leipzig 1934.
Oberhansberg, Heinrich: Der Versicherungsbetrug und sein Verhältnis zu Betrug, Brandstiftung und Sachbeschädigung nach geltendem und zukünftigem Recht, Diss. jur., Köln 1930.
Rothauge, Richard: Der Selbstmord als mitversichertes Ereignis in der Todesfallversicherung, eine moralstatistische, methedologische Studie, Diss. phil., Erlangen 1910.

Schmerler, Herbert: Die Brandstiftungskriminalität im Landgerichtsbezirk Gera (Thüringen), Diss. jur., Jena 1936.
Sonnenschein, Herbert: Die Simulation in der Sozialversicherung, Diss. med., Freiburg 1929.

III. Zeitschriften

Allgemeine Zeitschrift für Psychatrie und psychisch-gerichtliche Medizin, Berlin und Leipzig.
Archiv für Kriminologie, Berlin; Zitierweise: ArchKrim.
Die Deutsche Volkswirtschaft, Berlin.
Mitteilungen für die öffentlichen Feuerversicherungsanstalten, Berlin; Zitierweise: Mitteilungen
    ab 1926: Versicherung und Geldwirtschaft, Berlin,
    ab 1929: Die öffentlichrechtliche Versicherung, Berlin,
    ab 1935: Deutsche öffentlich-rechtliche Versicherung, Berlin.
Monatszeitschrift für Kriminalpsychologie und Strafrechtsreform, Heidelberg.
Neumanns Zeitschrift für Versicherungswesen, Berlin; Zitierweise: Neumann.
Schweizerische Versicherungs-Zeitschrift, Bern.
Versicherungsrecht, Karlsruhe; Zitierweise: VersR.
Versicherungswirtschaft, Halbmonatszeitschrift der Deutschen Individualversicherung, Karlsruhe; Zitierweise: VW.
Zeitschrift des Instituts für Weltwirtschaft an der Universität Kiel, Kiel.
Zeitschrift für die gesamte Versicherungswissenschaft, Berlin; Zitierweise: Zeitschrift.
Zeitschrift für Versicherungswesen, Fachorgan für die Versicherungspraxis und den Versicherungsaußendienst, Hamburg; Zitierweise: ZfV.

IV. Sonstiges

Unterlagen des Archivs des Gesamtverbandes der Versicherungswirtschaft e. V., Köln, Ebertplatz 1.
Weitere Informationsquellen ergaben sich aus dem Schriftwechsel und der persönlichen Vorsprache bei folgenden Organisationen:
1. Gesamtverband der Versicherungswirtschaft e. V., Köln, Ebertplatz 1.
2. Verband der Sachversicherer e. V., Köln, Worringer Straße 22.
3. Arbeitsgruppe öffentlich-rechtliche Versicherung im Verband der Sachversicherer e. V. in Köln, Hamburg 13, Magdalenenstraße 2.
4. Verband der Lebensversicherungsunternehmen e. V., Bonn, Eduard-Pflüger-Straße 55.
5. Verband der Haftpflicht-, Unfall-und Kraftverkehrsversicherer e. V. (HUK-Verband), Hamburg, Glockengießerweg 1 V.
6. Mehrere große deutsche Sach- und Lebensversicherungsgesellschaften.
7. Statistisches Bundesamt, Wiesbaden, Gustav-Stresemann-Ring 11.

Printed by Libri Plureos GmbH
in Hamburg, Germany